生活
認真
10

夢想勒索

協助被「夢想」壓迫的年輕人，在絕望中找到前進的動力

ドリーム・ハラスメント

「夢」で若者を追い詰める大人たち

TAKABE DAIMON

高部大問

葉廷昭／譯

目次

推薦序

沒有夢想，不行嗎？

陳志恆

現代社會鼓吹年輕人要懷抱夢想，勇敢前行！

走進書店，關於如何實現夢想的書，不計其數。例如職涯規畫類的書籍中，就常會提到：努力工作的終極目標是實現夢想，過著夢想中的生活。然後作者就會問你：「你的夢想是什麼呢？」

如果你回答不出來，肯定很慌吧！

過去在校園中，重視的是課業與升學，老師只要你把書念好就好，對未來別想太多；但現在的學校教育不一樣了，師長除了要孩子勤奮向學外，更會鼓勵孩子放眼未來、勇敢追夢。

老實說，我覺得這沒什麼不對。然而，當社會上一面倒地充斥著「年輕人就該勇敢追夢」的主流言論時，對某些人而言，或許就是壓迫。

這讓我想起我在高雄中學就讀時，遇到許多才華洋溢又有想法的人。有一位同學，成績優異，我們都相當羨慕他過人的學習能力。

有一次，他向我提起：「我好羨慕你們，都知道自己未來要做什麼，而我到現在卻還沒有想到。」當時，我已經想好以後自己要當個老師了。聽到他的感慨，我有些驚訝：原來別人羨慕他成績好，他卻反而羨慕別人有夢想。他說：「看到你們侃侃而談自己的夢想，我就覺得壓力好大，說出來真是沒面子！」

他的這句話，至今仍常迴盪在我耳邊。

當我進入中學擔任輔導教師後，我也曾遇到不少在設定生涯目標上卡關的孩子。一方面，他們對未來感到茫然，另一方面，他們為此感到莫名焦慮。有位孩子告訴我：「我都高三了，還不知道以後要做什麼，怎麼辦？」

問題是，我們怎能要求一個才十八歲的孩子，就想到未來三、四十年，要走什麼方向、要過什麼日子。我不禁懷疑，在高中或大學階段，對未來會感到迷惘的學生，其實才是多數、才算是正常吧！

在深入思考過這個問題後，我寫了一篇文章〈別老想選一個一輩子不會後悔的科系就讀〉，並與高中、大學階段的年輕人分享。有夢雖然很美，但不必急著現在就立定志向。比起找到夢想更重要的事情，是持續不斷地探索，找到當下想做或能做的事情，然後好好地做。

夢想是怎麼來的呢？通常不是突然間靈光乍現、從天而降。大多數人的夢想，是在實際的生活、學習與職場體驗中，慢慢孵化出來的。

我們常誤以為，成功的名人之所以有傑出的成就，是因為他們年輕時就胸懷大志，但事實上，那只不過是生命經驗不斷累積的結果。說不定，他們在年輕的時候，根本沒想過此刻會有這番光景。

《夢想勒索》一書的作者提出「夢想勒索」這個詞，不是在否定追求夢想這個行為，而是，反對大人（或整個社會）用「年輕人一定要懷抱夢想」這樣的時髦論調，來壓迫對未來毫無頭緒的學生或社會新鮮人。

作者又進一步指出，大人一方面高呼夢想的重要性，另一方面，又對夢想有著偏狹與扭曲的定義。

既然是夢想，就不應該被設限，只要不是作奸犯科、傷天害理的事都行。甚至，夢想要帶點天馬行空，要有些不切實際，不然，何必稱為「夢想」？

如果一個孩子對大人說，他的夢想是「穿越時空」或「銀河之旅」，肯定會被批評為痴人說夢話；如果夢想是「當個家庭主婦」，大概也會被嗤之以鼻。但如果，你的夢想是要「作育英才」或「懸壺濟世」，就會得到讚賞的眼神。

本書作者觀察到，許多大人對夢想的想像，是限定在所謂「正經的職業」；那些無法帶來收入，或對社會缺乏生產力的事情，不能稱之為夢想。於是，這些大人會一下子要孩子趕快找到屬於自己的夢想，又一下子否定孩子對未來的想像。

小時候，我曾夢想著要當個作家，但促使我後來成為作家的，並非兒時的作家夢。因為，大人很快就潑了我一身冷水，他們告訴我，當作家吃不飽，不是一份正經的工作。於是，我就沒多想了！

不過，我的文筆不錯，也對寫作有高度興趣。長大後，拜網際網路發達所賜，得以在社群媒體上高談闊論，筆耕不輟的結果，讓我得到了出版書籍的機會，而走上了出版作家一路。

我可以向大眾宣稱，我從小就有作家夢，這確實沒騙人。然而，那只是兒時一閃而過的念頭，真正促使我成為作家的，是我對寫作的喜愛與持續筆耕，以及長大後的某些因緣際會。

《夢想勒索》這本書，讀來頗有意思。作者對日本當代社會的職場與教育現象，有著細膩又深刻的觀察。一方面，批評大眾盲目鼓吹追求夢想的怪象，一方面，似乎也想向年輕人傳遞一個訊息：「別因為沒有夢想而感到丟臉」。

我也想要對目前沒有夢想的年輕人說：「暫時找不到夢想，真的沒什麼大不了！」你應該將心力集中在找到現接段對你而言，會感興趣、也做得到的事，把它做好、做大。當行動累積到一定程度，自然會孵化出夢想。

讓夢想晚點報到，也是可以的！

陳志恆簡介

曾為中學輔導教師，目前為諮商心理師、暢銷作家，著有《正向聚焦》、《擁抱刺蝟孩子》、《叛逆有理、獨立無罪》、《受傷的孩子和壞掉的大人》等暢銷書。

前言

「我們被迫追求夢想。」

這可不是學者或評論家的言論，而是某位高中生真實的心聲。我聽到這句話才發現，原來有年輕人被夢想壓得喘不過氣。

大家好，我叫高部大問，平常在大學擔任教務人員，替學生解決職涯煩惱。

大學畢業生有七成以上選擇踏入職場，在求職面試的時候，面試官常問他們有何夢想。當過面試官的讀者，應該也有問過新鮮人這一類問題吧？好比要他們說出自己的夢想，或是未來展望等等。

事實上，這根本是一種職權騷擾。當然我也不想以偏概全，我相信也有年輕人是真心追求夢想，每天努力朝目標邁進。

可是，我在教育界聽到的都是不滿和抱怨的聲音。有些年輕人告訴我，他們並沒有什麼遠大的夢想，不曉得該如何回答那種問題。因為始終有人覺得自己受到冒犯，所以我稱這樣的行為叫「夢想勒索」。

也不光是大學生如此，有的中學和高中會找我去演講，我在幫學生做職涯教育的時候，也聽過很多苦主的案例。

除了開頭提到的高中生以外，也有學生被家長責罵，說他們就是缺乏夢想才沒出息。還有學生說自己的夢想是賺大錢，結果被老師糾正。就連東大高材生輩出的學校，也有這種封閉守舊的觀念。

類似的案例屢見不鮮，下面我就來個原音重現，讓大家體驗一下真實的心聲：

「這世上的大人，只會叫我追求夢想。」

「父母整天問我有沒有想做的事情，還說他們年紀輕輕就有目標了，不像我每天渾渾噩噩過日子。」

「我說自己還沒決定夢想，大人就說我注定撿角。」

「大人規定我們要有夢想，跟強迫症一樣。」

另外，還有這樣的聲音：

「我老實說了自己的夢想，結果父母說我辦不到。」

「中學三年級時，我跟班導說自己的夢想是嫁個好對象，過著幸福快樂的生活。班導卻說這不叫夢想。」

被大人強迫慣了，年輕人開始產生負面的想法。

「從小到大一堆人叫我要有夢想，煩都煩死了。」

「夢想又沒有正確答案，為什麼要一直問我啊，我很懶得回答那種蠢問題。」

「夢想被當成金科玉律，簡直莫名其妙。」

「小學時就被迫思考具體的夢想，後來我看到夢想這兩字就倒彈。」

「沒有夢想真的罪該萬死嗎？」

「不要強迫我追求夢想，我只想好好生活。」

「我不想被夢想束縛。」

這些都是年輕人最真實的心聲。

我從沒想過有這麼多年輕人被夢想荼毒。不過，我聽了一萬多名年輕人的心聲後，又花了六百小時採訪教師和家長，終於體認到這是一個無法輕忽的問題。

有的大人是出於好意，鼓勵年輕人去做自己喜歡的事情，但這種溫暖的關懷，都有揠苗助長的風險。年輕人被夢想荼毒的程度，絕對超出你我的想像。

我知道有些讀者會以為，談論夢想算哪門子勒索啊？錯了，情況完全不是你想的那樣。

的確，夢想勒索並沒有犯法。然而，這種不當一回事的輕慢態度，正是夢想勒索一直沒有浮上檯面的原因。大家都以為追問夢想不算勒索，其實這種毫無自覺的傲慢，也是形成勒索的溫床。

一定有讀者不認同我的說法。也難怪，畢竟家長和老師都聽不到年輕人真正的心聲。就算他們抱怨自己被迫追求夢想，也不會有大人理會他們。

加害者沒有自覺是一回事，只要聽的人有被冒犯的感覺，那就符合勒索的定義了。大人願意好好跟年輕人商量的話，也不至於發展到勒索的地步。

大概有人會說，談論夢想而已幹麼唉唉叫？那好，既然你們認為夢想沒啥大不了，為何如此堅持夢想呢？不就是你們把夢想看得很重要，才強迫年輕人追求夢想嗎？

各位也許無法理解，思考夢想有什麼好煩惱的？我告訴你原理是這樣的。

假如有人跟你說，你要有自己的夢想，隨便什麼夢想都沒關係，結果你還是找不到自己想做的事，你一定會產生自卑和焦慮的情緒。大人把追夢視為理所當然的生活方式，還在無形中大肆宣傳，才會造成年輕人的痛苦。

找到夢想和實踐夢想並不容易，因此在我們心目中才有神聖的地位。大部分的夢想本來就難以實現，你強迫年輕人追求夢想，等於是逼他們去買不會中獎的樂透。當然，不買樂透就沒機會中獎，但強迫別人去做未免太奇怪了。媒體過分渲染「夢想成真」的美談，殊不知容易實現的夢想根本不叫夢想，這在語意上就自相矛盾了。

夢想的定義是，在現階段無法實現的事情。要專心致志持續努力，真的去「燃燒生命」才有辦法實現，付出的犧牲肯定不小。

二〇一九年日本舉辦世界盃橄欖球大賽，我國選手最常講的就是「犧牲」二字。他們每天領到的補助才一萬日圓，還要犧牲天倫之樂和個人時間，一年有兩百四十天要參加集訓，就只為了在盛大的賽事上擠進前八強。追求夢想就要有這麼大的犧牲。

所以叫別人追求夢想，等於是在告訴對方，雖然追求夢想辛苦又不切實際，但你還是要有一個為之效死的目標。擁有偉大的目標那叫幸運，普通人是不會有那種東西的，強迫對方追夢純粹是勒索。

各位仔細思考一下，你們是有偉大的夢想要實現，才拜託父母把你們生下來的嗎？我想不是吧，沒有夢想一點也不奇怪。

就算你有夢想好了，為何求學和工作時一定要強迫大家有夢想？各位成年人一路走來，難道都有照著自己的夢想走嗎？

不消說，過去經濟大好的時代，每個人都有買樓買車這一類的夢想。

不過，人人有資格做夢的時代維持不了太久，那純屬例外。日本過去泡沫經濟的美夢不也破滅了？那樣的時代只是曇花一現的幻夢。

我請問各位，在日本生活容易找到夢想嗎？現在日本的物質水平提升，幾乎沒有買不到的東西，不可能每個人都有極欲追求的目標。饒是如此，我們卻整天追問年輕人有何夢想，逼他們找到想做的事情。

把夢想強加在年輕人身上並不公平，為何不是大人勇敢追夢，讓年輕人效法呢？

別誤會，我寫這本書的目的不是要找戰犯。

我只是想釐清幾個問題，夢想勒索到底是如何發生的？何以過去沒有浮上檯面？夢想究竟是怎樣的東西？進入二十世紀後，「夢想」變成了拿來追求的東西，不再是單純的嚮往。這樣的夢想有何意義？擁有夢想的人，又經歷了什麼過程才擁有夢想？我想闡釋這些問題，讓大家擁有更開闊的人生，不要再被夢想束縛。

現在這個社會到處充斥夢想。請注意，我不是指這個社會充滿希望。而是人們整天鼓吹夢想的重要性和可行性，社會上充滿了追夢的壓力。

彷彿沒有夢想的人連工作都找不到，也過不上幸福美滿的人生。

沒有夢想的年輕人難道就是反社會人格，注定要被社會淘汰嗎？比起那些沒有夢想就無法努力的人，沒有夢想還能努力的人更容易發光發熱吧。

大家可能以為被夢想壓得喘不過氣的，多半是那些討厭學校又不會念書，整天愛做白日夢的年輕人吧？事實上，很會念書的資優生也飽受其害。從這個角度來看，夢想勒索是許多年輕人關注的議題。

不過，這本書不是寫給年輕人看的。告訴他們夢想不是必需品，這種場面話頂多只能提供一點心靈上的慰藉。普通的正向思考維持不了太久，整個社會制度不改變的話，替他們加油打氣也只是杯水車薪罷了。

我們大人該做的，不是打著教育和社會化的名義，強行改造年輕人的思想，把既定的社會觀念強加在他們身上。我們大人真正該做的，是努力打造一個充滿希望的社會，讓大家沒有夢想也能生存下去。

不從整個社會風氣下手，年輕人的特色注定被抹滅，多元化社會永遠不會到來。如果你親眼見過年輕人壓抑自我，被夢想荼毒的慘況，相信你也不會視而不見的。畢竟年輕人是我們未來的棟樑。

教育界始終不乏年輕人的心聲，我打算舉出一些實際的案例，呼籲大家關心夢想勒索這個從未被正視的社會問題。

希望各位看完能思考一下，如何解決夢想勒索的問題。

第一章

被夢想戕害的年輕人

夢想無處不在的社會

現在年輕人被夢想活埋的慘狀，遠遠超出我們的想像。

我先帶大家看看學校的狀況。

不少名校把夢想視為正規教育的一環。好比品川女子學院的中學部和高中部，就有所謂的「二八企畫」。二十八歲是大學畢業後的人生轉折點，學生必須思考自己在二十八歲要過上怎樣的人生。另外，培育出棒球明星大谷翔平的花卷東高中，也有推出「逆向推導型學生手冊」，教導學生如何實現夢想。

其他學校就算沒有這麼正規的教育，也會叫學生在課堂上發表夢想，或是在討論前途時聊到夢想。讓學生在畢業文摘寫下夢想，也算是司空見慣了。

小學五、六年級還有一種叫《心靈筆記》的倫理教材（文部科學省頒布教材），裡面有個單元叫「追夢的步伐」，還用大聯盟球星鈴木一朗來當作實踐夢想的範例。學生要寫下自己的夢想，和名人互相比對。那個單元的結論是這樣的：

「朝你的夢想持續邁進吧。」

從這些例子不難發現，我們的教育一直偷偷灌輸孩子一個訊息，那就是「每個人都應該有夢想」「夢想非常重要」，孩子從小就被洗腦。

我知道有人一定無法接受洗腦這種說法，那我再舉一個例子，我調查過一千三百五十四本音樂教科書，發現了一個有趣的現象。以「夢想」一詞開頭的歌曲超過一百六十首，數量是「希望」的兩倍以上（摘自《傳唱名曲：教科書上的一萬首作品》日外聯合出版）。教育用潛移默化的方式，灌輸我們夢想的重要性。

學校大肆歌頌夢想，教導孩子要先有夢想，再來思考自己的人生。

不只學校如此，校外也同樣充斥夢想。

大批藝人歌手不斷鼓吹夢想的重要性和可行性，各位應該也很清楚。

前面提到學校的音樂課充斥「夢想」。接下來，我們看看整個流行音樂市場。日本有超過兩千首以上的歌曲，標題有「夢想」這兩個字；更有超過六萬首曲子，歌詞有提到「夢想」（JOYSOUND 官網資料）。

海外也有同樣的現象，一九六四年得到諾貝爾和平獎的馬丁・路德・金恩牧師，他發表過一篇著名的演說叫「I Have a Dream」，日本的英文教科書也有收錄這篇文章。半個世紀以後，最年輕的諾貝爾和平獎得主馬拉拉・尤沙夫賽，也不忘宣揚夢想的重要性。她說，每個小孩都該有超出自身極限的夢想。

社會上到處都是夢想，孩子升上大學後躲得過夢想摧殘嗎？

事實上，去了大學還是躲不過夢想的摧殘。

大學畢業生有七成以上選擇就業（摘自《學校基本調查》文部科學省），有一本叫《絕對內定》（鑽石社出版）的書籍，多年來號稱是畢業生的求職聖經。第一章就有講到，在求職前要先描繪自己的「夢想」。另一本求職著作《面試官提問的涵義》（人生領航出版），還有教導如何回答夢想的相關問題。

為什麼求職要先想好夢想？這跟企業本身的運作有關係。簡單來說，畢業生想要獲得某家公司的職缺，就得證明自己是企業需要的人才。你得證明自己符合企業的方針。

那麼，企業的方針又是什麼？各位隨便挑一家企業的官網看一下，幾乎每一家企業都有談到「願景」，好像大家事先說好了一樣。這個願景就是企業的營運方針。

畢業生要迎合大企業來推銷自己，因此沒人敢說自己沒夢想。企業都說他們有願景了，誰敢說自己沒願景？太多企業都有「願景」，畢業生才會產生這樣的錯覺。

日本生產性本部的某位研究員，長年來負責調查社會新鮮人的觀念。那位研究員曾在記者會上表示，日本企業必須讓年輕人敢於做夢。意思是，夢想乃提升國家生產性不可或缺的要素。

前面有提到，念了大學以後夢想的壓力會更大，現在我告訴大家理由。

還沒念大學的年輕人，只要做好眼下的事情就不會被罵。可是，大學生去外面求職，如果答不出自己將來的夢想，就拿不到通往社會的入場券。

協助學生求職的教務人員，會拿到一本《求職輔導手冊》（日本私立大學協會求職委員會出版，二〇一八年版本）。裡面就有提到，要先了解企業的理念和願景，再來判斷那是不是一家值得效命的優秀企業。

當中還有一些很嚴厲的訓示。例如，請先認清你求職是要實現什麼願景，否則無法站上求職的起跑線，校方也難以提供協助。先具體思考自己的理想，以及未來想考取的證照，讓自己有明確的願景。

換句話說，沒有願景和理想的學生沒法找到工作，校方也不會提供諮詢。那本手冊等於是在告訴你，夢想在還沒求職的階段就已經非常重要了，而且強迫你擁有夢想。

不知道各位看了有何感想？以前某位高中男生問我，沒有夢想的人是不是找不到工作？起初我還對他的說法存疑，現在看來還真被他說中了。

不過，還有一個事實他沒注意到。那就是就算找到工作以後，夢想還是同樣不斷出現騷擾你。

比方說，要跳槽到其他公司的時候，面試官也經常會問求職者夢想。最好的證據就是，日本各大人力銀行都有提供相關資訊，說明面試官詢問夢想的用意，還有該如何回答夢想的問題等等。據說面試官詢問夢想的用意，是要判斷求職者的積極性和自主性，同時也想看這個人有沒有幹勁。

人力銀行還教導會員，答題關鍵在於你的夢想要和工作有關，你的夢想要迎合企業的思維才行。最好說出你想在新東家實現夢想，這樣你的夢想才不會偏離企業方針。

最好的回答是，你想成為一個人人信賴的業務員，對客戶和公司的發展做出貢獻。千萬不可以說你想靠高超的技能，追求安定的生活，這是失敗的回答範例。社會人士努力工作追求安定也不行，因為這不是「模範答案」。

另外，說出私人的夢想也會被面試官扣分，好比要參加運動比賽就不行。說一個有明確期限的夢想比較好，例如，你希望在三年後成為公司不可或缺的人才。

人力銀行的文宣看多了，真的會以為這類對答需要高度的知識和技巧。人力銀行提供如此詳細的建議和範例，也難怪求職者以為夢想是不可或缺的要素。

實際上，真的有年輕人是這樣想的：

「有夢想對求職比較有利。」

「有夢想比較方便。」

「每次談到未來的出路，大人都會問我夢想，我以為人不能沒有夢想。」

還有很多人年輕人告訴我，他們以為沒有夢想是一件壞事，是一件可恥的事。夢想的壓力令他們感到焦躁，找不到夢想的人急得像熱鍋上的螞蟻，內心滿懷愧疚。

於是，年輕人覺得追求夢想變成了一種義務。

不管走到哪裡都要面對夢想。

校內校外都是夢想，念大學也要夢想，求職也要夢想，換工作也要夢想。年輕人活在滿是夢想的社會，在夢想中迷失自我。

確實有不少人實現了自己的夢想，但他們一開始就有明確的夢想嗎？那些宣揚崇高願景的企業，難道一開始就有崇高的願景嗎？

夢想是事後杜撰出來的故事

先告訴各位結論，成功人士並非一開始就有夢想，這是錯誤觀念。

全球知名企業本田（本田技研工業）曾推出形象廣告，標題就叫「夢想的力量」。本田的官網上也有一段話是這麼說的：「為了實現夢想，我們的員工每天面對新的挑戰。」本田是日本極具代表性的企業，大家都以為本田一開始就有明確的夢想，而且是基於那個夢想成長茁壯的。

不過，該企業的創辦人本田宗一郎也不是一開始就有偉大的願景。他跟合作夥伴藤澤武夫每天朝夕相伴，一起工作議論，好不容易在創業七年後才確立經營理念（摘自《本田宗一郎傳：化夢想為力量》日本經濟新聞社出版）。

同樣地，創辦京都陶瓷（京瓷的前身）的稻盛和夫，也是在創業三年後遭受部下背叛，才終於悟出了一套經營理念（摘自《稻盛和夫的青年期自傳》日本經濟新聞社出版）。

號稱「經營之神」的松下幸之助，也是在創立松下電器製作所（松下電器的前身）的第十四個年頭，才打出了「克服世間貧困」的經營理念（摘自《松下幸之助傳・培育夢想》日本經濟新聞社出版）。

現在各位應該了解，那些知名的大企業家不是一開始就有偉大的願景。他們是在沒有夢想的情況下航向社會，經歷各種考驗後，才終於描繪出自己的夢想。

索尼曾公開表示，夢想是每一個組織重要的原動力。在《Works72》（Recruit Works 研究所發行）這本雜誌中有講到，索尼的骨幹和基因正是夢想。

然而，創辦人井深大在成立東京通信工業（索尼的前身）時，也沒有明確的夢想。當年他是配合公家機關和電視公司的需求生產，後來才想到要生產大眾化的商品（摘自索尼官網的歷史簡介）。索尼的另一位創辦人盛田昭夫也說過，剛創業時整天忙著找商機，都是過一天算一天，根本沒有心力去思考將來，也沒有什麼偉大的展望（摘錄自ＮＨＫ紀錄片《剖析日本・經濟大國的泉源》）。

所以真相是，先有行動才有夢想。

前面介紹了企業體的夢想，那麼個人的職涯經歷又是如何？是先有夢想嗎？帶領星巴克攀上顛峰的霍華德．舒茲，曾經表示自己沒想過要當大老闆（摘自《星巴克的成功故事》日本經濟BP出版）。

再來看看享譽全球的美國老牌雜誌《時代》，當中有一個單元是介紹全球最具影響力的百大人物。二〇一五年獲選的經營顧問近藤麻理惠女士，也沒想過自己會靠打掃和整理的技術吃飯（摘自《怦然心動的人生整理魔法》太陽符號出版）。

那些為國貢獻的偉人，也不是一開始就有偉大的夢想。比方說，繪製出全日本地圖的伊能忠敬，是在退休隱居後才著手調製地圖。在古代排算正確的曆法是重責大任，必須了解土地的實際大小，於是伊能忠敬從江戶走到蝦夷（譯注：古時東北地區到北海道一帶）地區，開始丈量日本土地。

伊能忠敬調製的地圖十分精確，連幕府也感到驚艷，之後又命令他調製東日本和西日本的地圖。伊能忠敬花了大約十五年半，才完成全日本地圖（全名《大日本沿海輿地全圖》）。

據說，強迫日本開國的美國將領貝里，也相當讚嘆伊能忠敬調製的日本地圖。這個例子也告訴我們，豐功偉業往往和夢想沒有太大關係。掌握全日本的形狀和大小，可不是伊能忠敬的夢想。

上面還只是地球級的豐功偉業，宇宙級的豐功偉業也是一樣的道理。一九六〇年代美國航太總署成功將人類送上太空，火箭升空前要先進行精密的演算，有一群黑人女性便是演算的幕後功臣。電影《關鍵少數》就是在描述這一群女性的故事，飾演女主角的塔拉吉・潘妲・漢森，努力揣摩一名黑人女性，如何在白人環伺的職場中力爭上游。事後她說出了自己的感悟，成就豐功偉業的只是一群凡人，她們從沒想過要改變世界（摘自DVD《夢想》二十世紀影業發行）。雖然這一部紀錄片叫《夢想》，但宇宙級的豐功偉業，也不是一開始就滿懷夢想。

我採訪過不少教育界人士，發現他們在強迫年輕人追求夢想時，都會引用一個歷史人物的名言。他們引用的是教育家吉田松陰的一段話，松陰不只是一大教育名家，更是明治維新的精神領袖。

「沒有夢想就不會有理想，沒有理想就不會有規畫，沒有規畫就不會實踐目標，不會實踐目標就不可能成功。因此，沒有夢想的人不會成功。」

沒有夢想的人不會成功，這主張還有一個無法忽略的大前提，那就是夢想可以靠自己的努力掌握，並非其他人所賦予。

有高中生告訴我，沒有夢想感覺做任何事都提不起勁，他們以為有夢想才會成功。一個人必須實踐從小到大的夢想，這才叫成功。整個社會灌輸年輕人這樣的觀念，他們也覺得自己應該過上追夢人生。由此可見，松陰那段話的影響力非同小可。

那些高中生至少還知道自己的想法有問題，事實上「沒有夢想的人不會成功」這句話，讓大家下意識地認為，缺乏夢想和目標的人不會有好的生涯規畫。

事實真是如此嗎？

我親自去祭拜松陰的神社調查，結果找不到松陰說過這段話的紀錄。換句話說，沒有夢想的人不會成功，這句話是後世的人憑空杜撰出來的無意識偏見。

各位想一下就明白了，明治維新（一八六八年）跟十八世紀後期的美國獨立，還有法國大革命那種人民起義不同，大日本帝國憲法也是天皇欽定的憲法（一八九

○年訂立）。那個時代的日本人，還不具備個人的夢想。

日本人在大約半個世紀以後，也就是一九四七年開始（日本國憲法訂立），才有信仰、學術、結婚、居住、遷徙、職業上的選擇自由。松陰在一八五九年去世，並沒有親眼見到明治維新大成，他如何肯定「沒有夢想的人不會成功」？

古人的格言太遙遠，各位可能沒什麼太大的感觸。那好，我把時間拉回現代，講一個更貼近現實的例子。

比方說，我們身邊都有人考上名校，那麼就讀知名大學的人就有夢想嗎？我輔導的學生經常妄自菲薄，他們說那些名校生肯定有夢想，也只有那種天資聰明的人才配有夢想。

如果這樣的說法是事實，那一般學生沒有成就也無可奈何，但被毫無根據的說法騙得團團轉太可憐了，何苦屈服於一個沒有親眼確認過的妄想？

於是，我建議學生去東大採訪，印證一下「東大生都有夢想」是事實還是偏見。

我們沒有事先跟東大預約，東大生還是爽快答應我們的採訪，接受採訪的東大生大約有三十人。結果，有三成的東大生表示他們「沒有夢想」。換句話說，就讀日本頂尖學府不一定要有夢想。

事實上，東大做的學生生活調查也顯示，有八成以上的學生煩惱自己的將來（摘自《東大線上新聞》公益財團法人東京大學新聞社二〇一六年一月十四日）。有的東大生甚至在畢業前找不到工作（摘自《找不到工作的東大生》扶桑社出版）。

不是每個東大生都有夢想，也不是每個東大生都過著一帆風順的生活。

各位以為大多數的組織和個人都有夢想，但實情並不如我們所想。我不是說先有夢想就不好，而是希望各位認清一個事實，往往都是先有行動才有夢想。

然而，大家看到功成名就的人，就急著替他們冠上夢想，這又是為何？因為這樣比較好理解，也方便拿來說嘴。承認夢想存在不用花太多心力去說明原因，自己和其他人也樂於接受。

社會學家萊特．米爾斯形容，這是被單純化的行為和動機語彙。意思是，不是先有動機才有行為，而是後人用容易了解的概念，來對其他人說明原因。正當化是用來強迫自己認同的手法，單純化則是用更自然的方式，取得自己和他人的認同。

也就是說，即使古聖先賢不具備夢想，後人也會視情況所需捏造出一個夢想，好讓大家更容易了解成功學。所謂的成功故事，都是後人杜撰出來的。

舉一個有趣的例子，日本有一對相聲兄弟檔中川剛（哥哥）和中川禮二（弟弟），哥哥曾在電視節目上這麼評論自己的弟弟。

「我弟記得一大堆鬧區的車站名稱，可惜連一個朋友都沒有，我看他實在太孤單了，就找他來一起說相聲。他說自己中學二年級就有人生規畫，其實都是騙人的啦（笑）。」

假如中川剛的說法屬實，那中川禮二就是配合自己的需求竄改記憶，誤以為自己年紀輕輕就有夢想。這就是所謂的單純化，這樣比較好跟其他人說明，自己也能接受。

中川禮二並不是特例，我們在研究行為之前都習慣探究動機，好比兇手的犯案動機、新鮮人的求職動機等等。因果律是我們理解事物非常有效的思考架構。

說到因果，詹姆斯．艾倫的《原因和結果的法則》（太陽符號出版）是一部歷久不衰的暢銷著作，銷量僅次於《聖經》。當中有一段文章，也在鼓吹人們擁抱夢想。

按照那本書的說法，現代人大部分都過著衣食無慮的生活，因此在人生的旅途上，要有夢想這個因，才會得到幸福這個果。這是人生最確切的成功法則。

十個有夢想的人之中，明明只有一、兩個人會成功，鼓吹這種荒唐的法則是不負責任的行為。偏偏這句話有催眠年輕人的魔力，他們都以為人生必須懷抱夢想。

如此看來，我們都被單純化的概念給騙了，還擅自捏造出夢想。每次看到其他人的豐功偉業，就套上一個單純的解釋方法，認定他們本來就有夢想。殊不知，夢想的標籤都是後來才加上去的。成功者必然擁有夢想的論述，比夢想偶然實現的說法更有說服力，所以夢想很適合拿來催眠自己。

被單純概念洗腦的大人，義正詞嚴地叫年輕人追逐夢想，然而，年輕人對這種過度要求夢想的現狀存疑，甚至開始厭惡夢想。

他們討厭從小就要寫下自己的夢想，整個社會把夢想視為必需品的現象，也讓他們感到莫名其妙。

大人動不動就追問年輕人夢想，還要他們說出理由。這種一定要有夢想和理由的「人生套路」，年輕人一向很反感。

某個高中生分析過這樣的現象。他說現在的學生對於夢想或升學，並沒有明確的理由。純粹是大人叫他們要有目標，他們才說出自己的夢想，況且有夢想對求職比較有利。那位高中生說，他自己也是那樣。

這完全是不切實際的要求，信奉教條主義的大人，強迫年輕人達成這種困難的要求，害得年輕人汲汲營營，被夢想壓得喘不過氣，人格都被夢想給扭曲了。

反正人一定要先有夢想，再按部就班執行人生規畫。缺乏多樣性的教育制度過於崇尚這樣的生活方式，要求每個學生比照辦理。對此，身為教育界的相關人士，我覺得自己有義務跳出來指責弊端。

下一節我想帶領大家，一起看看夢想勒索的受害者悽慘的遭遇。

年輕人的性格被夢想扭曲

年輕人被夢想折騰的心聲，實在是不勝枚舉。

「我以為人一定要有夢想，每天都過得很焦慮。」

「看到其他人都有夢想，我就很緊張，想要趕快替自己決定一個夢想。」

「我的未來都是大人決定的。」

「一堆老師都要我們預設夢想，我根本不曉得該怎麼做。」

「這種事又沒有正確答案，社會強迫我們追逐夢想實在令人火大。」

「曾幾何時，夢想被我當成了不得不訂立的目標，而不是自己真心想追求的目標。」

無數年輕學子的吶喊，都是我在教育界親眼所見。

至今，我對一萬名以上的中學生和高中生做過職涯教育的演講。除了一般的日校，還有夜間部、函授學校、升學名校，學科遍及專業學科、綜合學科等等。我見識過形形色色的年輕人，演講結束後我會請他們填寫匿名問卷，寫下當天最感同身受的一句話。有超過兩千名的學生回答，他們最喜歡「夢想不是必需品」這句話。若包含其他類似的答覆，總數占全體學生的四分之一以上。

全國的中學生和高中生共有六百六十萬人，粗略換算起來，大約有一百六十五萬人被夢想壓得喘不過氣（摘自《文部科學統計概要（二〇一九年版）》文部科學省）。連小學生和大學生也算進去，相當於有四百萬人同受荼毒。這個數字遠比靜岡縣的人口還要多，靜岡縣可是全日本人口排名前十的都市（摘自《日本統計二〇一九》總務省統計局）。

當然，我相信這麼悲觀的看法與現實不符。有些讀者可能大呼不解，大人真的有強迫年輕人追逐夢想嗎？搞不好是年輕人作繭自縛吧？

很遺憾，日本的教育確實有要求年輕人追逐夢想。金恩牧師那一場「I Have a Dream」的演說，純粹是在表達他自己的夢想，並沒有強迫他人追逐夢想。然而，日本的教育界完全反其道而行。

日本的高中有專門的教職人員，負責輔導學生升學和就業。有研究機構對全國高中的輔導專員做過問卷調查，結果發現大部分的輔導專員，把「個人的自我實現」和「社會上的自我現實」，當成是一種值得肯定的價值觀（摘自《高等學校升學就業輔導觀念調查》倍樂生教育綜合研究所二〇〇四年數據）。自我實現說穿了就是夢想，這也代表學校的教職人員信奉夢想。

再來，貴為日本首相智囊的教育再生實行會議，在第十次建言報告中（二〇一七年），提出了一個很不切實際的困難目標。報告中指出，日本必須重塑教育體制，讓每一個小孩子努力追求夢想和志向。

而在《第三期教育振興基本計畫》（文部科學省二〇一八年報告）之中，教育政策的頭號基本方針，竟然是培育小孩子必要的能力，讓他們去追求夢想，挑戰自身的可能性。日本各都道府縣的教育界首腦，都有接到這一份報告。包括教育委員會首長、知事、市長、各級學校校長、理事長等等。

要求年輕人追夢的不只是公家機關和學校，他們的父母也受到社會風氣影響，要求自己的小孩擁有夢想。

根據《第八次「高中生和監護人之前途觀念調查」二〇一七年報告書》（一般社團法人全國高等學校PTA聯合會・Recruit Marketing Partners股份有限公司發行）內容，有九成以上的父母要求孩子看重夢想和目標。

同一份調查也顯示，父母談到孩子未來的前程時，最常叫孩子去做自己喜歡的事情（占百分之五十六・三）。孩子聽到父母那樣講，以為自己必須擁有夢想，而且要盡快找到夢想。就算父母沒有惡意，孩子也會感受到壓力。

調查報告還有提到，孩子在決定前途時最不希望父母做兩件事。第一是對他們抱有過高的期望（占百分之三十・七），第二是不要給他們壓力（占百分之二十四・六）。

也有高中生跟我抱怨，新學期校方找家長來學校面談，一談到夢想他們就覺得很沉重，到頭來自己的前途都是老師和父母決定的。而這樣的怨言還不在少數。

父母都會教小孩追求更好的人生，無法達成父母教誨的人，就會產生自我厭惡的情緒。尤其夢想這種東西本來就不好找，實踐起來也非常困難，要求年輕人追逐夢想，無疑是把他們帶進一條妄自菲薄的死胡同。

公家機關、學校、家庭這三方都要求年輕人追夢，那麼，年輕人真的擁有夢想嗎？我們就來確認一下。

有一份資料顯示，將近六成的高中生都有夢想（摘自《高中資料事典二〇一三》倍樂生教育研究開發中心），法政大學的多喜弘文教授也調查過「中學生的未來和職業志向」，發現中學生比高中生更有夢想（摘自日本教育社會學會第六十八屆大會）。換句話說，人在成長的過程中會漸漸失去夢想。

那成年人又是什麼狀況？全國二十歲以上的男性和女性，只有百分之五十一．九的人口擁有夢想，這代表有將近半數的人沒有夢想（摘自《日本夢想白皮書二〇一八》全國都道府縣暨二十座指定都市數據）。顯然年紀越大的人越實際，不再執著夢想。

《夢象成真》（飛鳥新社出版）一書在二〇〇七年出版以後，累計銷量超過三百五十萬部，甚至還改編成電視劇、舞台劇、動畫、電玩。相對地，人們的夢想不斷萎縮。

夢想勒索的主要受害者，是那些對夢想毫無頭緒的年輕人。

我就聽過年輕人抱怨，他們真的沒有夢想，家人卻逼他們快點決定未來方向，搞到他們滿肚子火。還有學生缺乏夢想，連畢業文摘都寫不出來。

年輕人滿足不了大人的要求，找不到自己的夢想。那好，我們的教育界是如何面對這個事實的？

文部科學省曾對《二十一世紀夢想調查》（財團法人日本青少年研究所，一九九九年調查報告）發表批判性的看法，大意是日本人缺乏夢想和希望，只會謀求平凡的工作。

中央教育審議會貴為文部科學大臣的智囊，也只會評批青少年缺乏夢想，還說他們沒有道德和自律的觀念，對現在的教育狀況感到憂心（摘自《適合新時代的教育法和教育振興基本計畫（答詢）》中央教育審議會二〇〇三年）。

明知狀況不樂觀，那些高層又提出了什麼解決方案呢？各位看前面的資料不難發現，過了大約十五個年頭，教育再生實行會議和文部科學省，依舊按照過去的計畫，要求全國的年輕人追求夢想。

教育界沒有反省自己過去的論述，而是強迫年輕人追求夢想。他們寧可將錯就錯，試圖讓更多人擁抱夢想，也不願更改錯誤的方針。

更差勁的是，教育界把缺乏夢想的過錯推到年輕人頭上，指責他們不夠努力。只要年輕人不滿足大人的要求，就得承擔無能的罵名。

根據《高等學校升學就業輔導觀念調查》（倍樂生教育綜合研究所，二〇〇四年調查報告）的內容，高中老師在輔導學生時，最常碰到的困擾是「工作過於忙碌」，以及「學生引發的問題」。有百分之五十七的老師認為，學生對未來的思慮不夠周延（其中，有百分之四十的老師對此感到「略為憂心」，百分之十七感到「頗為憂心」）。從一九九七年起調查結果就沒變過，半數以上的老師都覺得學生的觀念有問題。

然而，同一份調查報告顯示，從一九九七年起有個環節發生了重大的變化。社會新鮮人的就業環境日益惡化，讓學生養成良好的職業和勞動觀念，重要性比以前高出許多。

明明大環境改變了，二〇〇四年的調查結果卻顯示，只有百分之二十三的老師在輔導學生就業的時候，看重現今社會對人才的需求變化（其中，有百分之二十的老師對此感到「略為憂心」，只有百分之三感到「頗為憂心」）。

都二十一世紀了，年輕人處在劇烈的環境變化中，許多老師卻輕忽環境的變化，甚至把問題怪罪到年輕人的頭上。換句話說，老師們認為學生追求目標的觀念低落，沒有努力實踐夢想。半數以上的老師主張，這才是問題所在。大人整天教小孩子不能怪罪他人，結果自己卻言行不一，強迫他人自責根本就是推卸責任。

看到這裡，各位應該了解年輕人缺乏夢想的現況。教育界把這件事當成一大問題，忙著推諉卸責。

不幸的是，年輕人還遭遇了一個落井下石的不利局面。教育界主張沒有夢想的原因出在年輕人身上，他們還找到了一個合乎邏輯的根據，來證明自己的主張。

所謂合乎邏輯的依據，並不是那種難以理解的高深論述，事實正好相反。現在大家耳熟能詳的心理學論述，也開始追究年輕人無夢的責任。不，正確來說心理學只是被利用而已，心理學本身沒有迫害年輕人的意圖。

心理學主要研究心理議題，還有講到「幹勁」「自我認同」這一類個體的內在問題，是一門相當寶貴的學問。心理學標榜改變心理狀態，就能讓自己活得更加順遂，也難怪大家趨之若鶩。

教育人士要面對的是心靈還不成熟的個體，因此拿心理學來當武器，把個體的「幹勁」「興趣」當成學習最重要的動機。他們希望透過「嚮往」或「目標」這一類的內在動機，來提升年輕人學習的幹勁。

表面上這是尊重個人意志的行徑。但反過來說，缺乏幹勁主要是找不到感興趣的事物，所以也可以合理怪罪別人，沒有努力找到感興趣的事物。

講白了就是，我都給你自由決定的權利了，是你自己不好好利用的，這是你自甘墮落犯下的錯誤。這樣就可以怪罪那些在社會上失足的人，是他們自己心理有問題。

在沒有夢想的年輕人眼中，大人不是在鼓勵他們找到夢想，而是強迫他們找不到夢想乾脆去死一死算了。

換句話說，心理學的論述有一大風險，沒幹勁的責任會被轉嫁到當事人頭上。當你找不到夢想的時候，錯的不是這個社會，而是你自己的心理有問題。

沒有夢想的年輕人之所以痛苦，不僅僅是他們找不到夢想，大人用完美的論述來追究他們的責任，這才是另一個痛苦的原因。年輕人沒有夢想，大人又把責任推到他們頭上，年輕人被鞭得一無是處，完全無能為力。

「大人總是叫我努力追求夢想。」

這種貫徹目標的人生指南，等於是叫年輕人決定好目標，不惜扼殺自我也要堅持下去。這是在逼迫大家貫徹始終，年輕人沒有發揮特色的權力，不得不配合大人的追夢計畫。

被夢想荼毒久了，連性格也跟著扭曲，最後年輕人是怎麼面對這一切的呢？經我實際走訪調查，發現被夢想勒索的年輕人，大致分成下一節的這幾種類型。

一味看人臉色，只求正確解答

年輕人被夢想勒索到性格扭曲，於是產生以下幾種反應類型。

第一種稱為等待型，就是持續等待邂逅夢想的日子。

他們沒有明確的夢想，也擔心這樣下去不是辦法。等待型的人不知道未來該如何是好，也沒有幹勁去做任何事。

你會發現他們整天煩惱自己該做什麼，卻又幻想自己有朝一日邂逅夢想。有人找不到自己的夢想，連人生也進退失據，還有人把夢想當成逃避現實的藉口。

他們沒辦法做出決定，只好等待夢想降臨。認真思考夢想，只是讓他們更猶豫自己該選擇哪個方向。決定一個夢想意味著要放棄其他選項，這麼重大的判斷是否該馬上做決定？他們找不到答案，也沒人告訴他們答案。因此，這些人無法做決定，不敢做出取捨。

有了夢想就得專注在那一條路上，一來可能錯過真正適合自己的工作，二來也看不到其他的選項。這才是年輕人擔心的，他們在等一個「正確的夢想」。

相對地，也有年輕人急著替自己找到夢想。

有些人冠上別人賦予的夢想，也有人勉強生出一個夢想。大人問他們有何夢想，他們只好說出一個答案交差。這類型的人認為，自己一定要快點找到夢想才行，否則沒有一個專注投入的目標。這就是第二種類型，趕鴨子上架型。

他們暫時擺脫了夢想的煩惱，之後卻得面對一連串的挑戰。第一項挑戰是自我質疑，這種人曾為夢想所苦，得到的又不是自己決定的夢想，於是對自己的抉擇感到後悔，深怕自己走錯方向。以下是兩位高中生的現身說法：

「找到想做的事情，我卻不敢說自己很幸福。的確，有了夢想比較好決定前程，但其他的可能性似乎也被限制了。」

「父母勸我要有夢想，我就夢想當一個廚師。其實，我希望慢慢思考自己的將來。」

第二項挑戰是對抗別人的質疑，有一間完全中學會讓學生撰寫「未來履歷表」，該校的副校長對我說過一段真心話：

「成績好的孩子，都寫未來的夢想是當醫生。但有些人根本不適合當醫生，他們純粹是看成績在決定夢想的。」

我對副校長的說法感到意外。當然我明白他想表達的意思，醫生這一行要承擔拯救人命的重責大任，除了頭腦要好，還要有扶傷濟危的意志，以及適合當醫生的素質。

不過，大人要小孩子寫下夢想，人家寫了你又嫌東嫌西，這是不是太奇怪了？

大人表面上尊重多元和特性，實際上卻希望孩子擁抱「合適」的夢想就好，不要擁抱「高攀不起」的夢想。嚴格講起來，談論夢想本身就已經不切實際了。

這樣的學校可不是單一個案，文部科學省的《職涯教育之綜合調查研究協力者會議報告書》（文部科學省二〇〇四年報告），就給年輕人貼了一個劣等的標籤。報告中批評，現在的年輕人看不清社會現實。

大人忙著推銷不切實際的夢想給小孩，鼓吹他們擁抱夢想，結果又反過來批評他們看不清現實，未免也太任性自私了。趕鴨子上架型的年輕人，得對抗這些無知的大人。

叫人家擁抱夢想，卻又不允許人家放膽作夢。這種矛盾的訊息，就好像叫你戴著眼罩四處欣賞美景一樣，簡直是強人所難。年輕人被關進一個沒有出口的迷宮，無所適從，就只差沒有崩潰而已。他們表面上解決了大人賦予的難題，心中其實已經錯亂了。面對滿肚子壞水的大人，他們也只有逆來順受的分。

大人會擅自設下一個夢想的好球帶。以前流行過一個標語，叫「替自己的夢想標上實現的日期」，未來該不會變成「替自己的夢想打分數」吧？替夢想打分數那是多此一舉，曾幾何時追求夢想還要別人認可了？

大人並不要求年輕人發揮本身的特性，而是要他們發揮大人想要的特性。大人想看到的不是自由成長的「天然年輕人」，而是按照他們計畫生長的「養殖年輕人」。趕鴨子上架型的年輕人，會主動推敲大人的思維，追求正確的志向。

以上就是年輕人面對夢想勒索所產生的反應，一種是持續等待夢想的等待型，另一種急忙生出夢想的趕鴨子上架型。這兩者的共通點是，他們都同意夢想很重要。

由於太重視夢想，所以苦苦等待夢想降臨，或者替自己準備一個速食夢想。這樣做才能得到大人的認可，等待型和趕鴨子上架型，就是年輕人用來回應大人期待的方法。

接下來我要介紹的類型，並不認為夢想很重要。他們討厭大人逼問夢想，乾脆說出大人想聽的答案，以求耳根子清靜。

我聽過幾個比較有代表性的說法，一種是被大人逼久了，隨便掰幾個夢想敷衍了事；另一種是本身沒有夢想，就回答安定平凡的志向，或是配合其他的同輩，口是心非地說一些遠大的抱負。

這樣的反應稱為揑造型，是唯一會反抗大人逼問的類型。他們採用陽奉陰違的戰術，表面上遵從大人的指示，實則不屑一顧。

某位高中生的心聲是這樣的，他答不出自己的夢想是什麼，於是寫下大人喜歡聽的違心之言，好比嚮往安定的生活，或是到大企業上班等等。

還有高中生告訴我，他現在忙著去做不甘願做的事情，好奇心都被消磨殆盡了。

有一種叫「計畫性機緣理論」的論述，專門在研究人類的職涯活動。這個論述的大意是，可以誘發良性機緣的計畫性行動，值得人們去做。而誘發良性機緣的必要條件之一，就是「好奇心」。

二〇一九年，人類第一次成功拍攝黑洞，主導這項行動的天文學家本間希樹教授也有談到好奇心的重要性。他說，人類想要見識自己從未見識過的東西，這種好奇心是一切研究的起源（每日電視放送《熱情大陸》二〇一九年四月十四日）。

天才物理學家愛因斯坦，年輕時考取大學失利，連找工作都四處碰壁。他表示自己沒有特殊的才能，只是有非常旺盛的好奇心罷了。比方說，為何指北針永遠指向北邊？為何月亮在晚上才會發亮？為何大海是藍色的？愛因斯坦從未放棄那股無止境的好奇心，他或許沒有遠大的夢想，但對身邊的小事總是充滿好奇。後來，愛因斯坦到專利局工作，利用閒暇之餘持續做研究，終於提出了畫時代的偉大論述，被譽為「現代物理學之父」。

請各位回想前面那位高中生的心聲，大人害他放棄了好奇心，沒有好奇心不可能誘發良性的機緣。

捏造型的年輕人當中，其實不少人都有自己的夢想，例如想當直播主或作家。他們會在大人面前說出違心之論，講出大人想聽的標準答案。為什麼會有這種現象呢？

因為說出自己真正的夢想，也只會像前面提到的那樣被大人否定，大人會批評他們的夢想不切實際，或眼光太過狹隘。

所以有高中生跟我說，他對大人一向保有戒心。他有自己的夢想，卻從來沒有告訴過其他人，今後也不打算說出口。

為什麼有夢不敢表達出來呢？我在採訪某位高中老師以後，終於明白原因了。

那位老師說，學生都有自己的夢想和目標，純粹是不敢說出來。或許是過去有被大人批判過吧？大人會嫌棄他們的想法太天真，認為他們的夢想不能當飯吃。那位老師說出這段話，似乎也是在警惕自己不能扼殺年輕人的夢想。

大人叫年輕人找到值得投入的目標，卻又要他們擁有開闊的視野，投入和開闊根本是互相矛盾的要素。與其被大人無理取鬧的要求荼毒，還不如說一些中規中矩的謊話，也不用浪費多餘的心力說服大人。這樣反而能專注在真正的夢想上，效率還比較好。

最不幸的是，不管當事人有沒有自己的夢想，一旦捏造的夢想成功堵住大人的嘴，年輕人就會學到一個教訓，那就是敷衍了事和察言觀色確實有用。他們養成的不是夢想，而是一種奇特的適應力。

前面提到的等待型、趕鴨子上架型、捏造型，都是夢想勒索的直接受害者。他們被夢想折騰，只好用各種苦肉計來順應現狀。

每個人順應現狀的方法各有不同，但沒有人能全完擺脫夢想的束縛。到頭來，年輕人只學到察言觀色的能力，每個人都追求正確的志向，個性被徹底扭曲。

很多人批判時下的年輕人缺乏嘗試的勇氣，其實這都是大人種下的惡果。大人批評年輕人毫無特色可言，殊不知葬送年輕人特色的正是自己。

「我無法接受大人的觀念，卻又不得不聽他們的。」

無能為力的年輕人，把寶貴的青春都用來討好他人，迎合大人的權威。他們扼殺自己的好奇心，人生只能走在大人期望的路程上。夢想勒索的影響就是如此深遠，年輕人難以突破夢想的包圍。

還記得有一段時間，惡意逼車造成了不小的社會問題。大人動輒以夢想相逼，這對年輕人來說簡直是「夢想的惡意逼車」。

年輕人是人生路上的新手駕駛，結果遇到大人從後方高速逼車，還狂按喇叭提醒他們要有夢想。這種情況下踩煞車會引發重大事故，除非暫時退出人生的賽道，否則他們只剩下猛踩油門這個選項。

找得到人生目的地那叫祖上積德，大部分人都是隨便找一個目的地，或是乾脆掰出一個假的目的地，還要被惡意逼車的大人痛罵走錯方向。

這就是我在教育界上見識到的夢想勒索。

有一個漢字叫「薨」，上面是「夢」，下面是「死」，有蜂屯蟻聚之意，那些夢想勒索的被害者，被執著於夢想的大人們蠶食殆盡。

那麼，夢想勒索是如何產生的？為何過去都沒有浮上檯面呢？在剖析夢想勒索的成因和隱瞞的原理之前，我想深入探究一下「夢想」。

「夢想」對大人來說是一個很方便的武器，對年輕人來說則是帶來痛苦的凶器。前面沒有特別探討夢想的定義，下一章我打算剖析「夢想」這個深植人心的概念，重新賦予這個概念不一樣的定義，各位且聽我老生常談一下。

第二章

職業以外的夢想不被認可

夢想等於職業的既定觀念

「夢想」究竟為何？

以前有位高中生對我說，他以為夢想和職業是同一回事。而在一般人的觀念中，也的確是把「夢想」和職業放在一起思考。小時候大人都問我們長大想做什麼，每年公布的「兒童嚮往職業」也被當成小朋友的夢想。

比方說，有一份調查小學生的報告顯示，過去「棒球選手」和「足球選手」是小朋友最典型的夢想，如今「博士和學者」事隔十五年終於重回榜首（摘自《第二十九屆「長大後的夢想」調查》第一生命保險股份有限公司二〇一八年報告）。

可是，誰規定夢想一定要等於職業？有些年輕人沒有夢想，卻有嚮往的職業。也有人希望找到好歸宿，組成一個幸福美滿的家庭。參加運動大賽為何不能是夢想？夢想本來是很私人的東西，不該受到其他人干預。夢想只是個代名詞，是可隨意代換的變數。

然而，大人在追問年輕人夢想時，多半問他們想從事的工作和職業。前面也提過，學校老師和面試官問到夢想時，回答與職業有關的夢想才是正解。

換句話說，沒有嚮往的職業就會被視為沒有夢想。只有工作上的成就才叫夢想，夢想的好球帶被限制在職業範圍內。

對此，年輕人又是怎麼想的呢？

「我覺得沒有明確的夢想（嚮往的職業）是很可恥的事。」

「我就沒有夢想，大人卻硬要逼我思考夢想，而且還要寫下他們規定的夢想，實在有夠火大。」

「我從中學一年級開始，就在學習如何規畫自己的未來。大人講的夢想都跟職業有關，這對沒有夢想的我來說，真的是很痛苦的一件事。」

大人強迫年輕人思考鳥籠式的夢想，年輕人一方面怒火中燒，一方面又覺得沒有找到夢想是自己的責任，甚至引以為恥。

這種「萬般皆下品、唯有職業高」的社會風氣，是年輕人誤解夢想的真諦嗎？還是年輕人自己先入為主，把夢想和職業串聯在一起？我們來確認一下現狀。

嚴格講起來，夢想和職業一體化的觀念，在過去並不是金科玉律。把工作視為成就感和存在意義的風氣，主要來自《新工作大未來：從十三歲開始迎向世界》

（幻冬舍出版）這一本著作，書中主張「興趣才是最適合你的職業」。小孩子這才明白，原來可以把喜歡的事情當成職業。所以，學校喜歡用那一本著作來教育小孩子。

那一本著作不斷告訴讀者，工作才是人生的意義，職業象徵自我認同，也是通往幸福的門票。相信不少小朋友看了都很心動吧，反過來說，在二〇〇三年那一本書出版以前，社會上還沒有那種「做喜歡的事來謀生」的風氣。那麼，後來情況又是如何發展？

文部科學省的《中學職場體驗導覽》（文部科學省二〇〇五年發行）有提到，對中學一年級學生進行課前教育時，應該拋出夢想、職業、工作等議題，讓他們思考自己未來的生活方式。職業被當成了影響人生的重要元素。

十年後，東京大學和倍樂生的研究調查顯示，中學和高中的應屆畢業生，要決定自己未來的前程，這一段時間也是深入思考未來的時期。而這一份深思熟慮的經驗，能幫助他們找到嚮往的職業（摘自《兒童生活暨學習相關親子調查二〇一五年版》東京大學社會科學研究所．倍樂生教育綜合研究所）。有嚮往的職業被當成一件好事，不但成為人生的先決要件，也獲得了廣大的認同。

很多輔導學生就業的教育界人士，還有負責人資業務的企業界人士，都有讀過《就業白皮書二〇一九》這本著作（就業未來研究所出版）。當中有一句話是這麼說的，只要能找到自己嚮往的工作或職場，早點離職也沒關係。這句話本來的用意，是要安撫年輕人不用擔心離職的壞處。其實裡面隱藏了一個前提，那就是你要有「嚮往的工作」。

大家對這一句話也沒有太多疑問，反正有嚮往的工作總是好事，於是我們都接受了這個大前提。時至今日，這種觀念成為社會大眾心照不宣的默契。

前面也確認過了，畫地自限的夢想並不是年輕人搞錯夢想的定義，而是大人積極灌輸給他們的觀念。

那好，年輕人是否真的把職業當成夢想了？事實上，十五歲到二十九歲的年輕人，年紀越大越不希望靠工作來達成夢想（《二〇一二年版—兒童暨年輕人白皮書》內閣府發行）。

回頭看前面提到的《高中資料事典二〇一三》（倍樂生教育研究開發中心發行）。這一份資料中，有調查學生是否有嚮往的職業，並且比較二〇〇四年和二〇〇九年，有多少學生說出否定性的答案。升學名校的學生沒有嚮往職業的比例，從百分之三十二．五上升到百分之四十九；學力中等的學校則從百分之三十．三上升到百分之四十三．四；鼓勵學生多元發展的學校，從百分之二十九．三上升到百分之四十八．九。意思是，不管哪一種學校，高中生都不再把職業視為夢想。

當然，心懷夢想的年輕人還是有一定的比例，但這些年輕人的夢想都和職業有關嗎？來看看《日本夢想白皮書二〇一八》（全國都道府縣暨二十座指定都市數據），這一份報告對全國二十歲以上的青年進行夢想調查，並依照性別和年齡層，排出不同的夢想順位。二十多歲青年有夢想的比例占百分之六十一．八，男性的第一夢想是「投身自己嚮往的職業」；三十多歲男性的第一夢想，則是「想住獨棟房屋」，二、三十歲的女性也是一樣的夢想。大部分年輕人要的是獎勵自己，而不是對社會做出貢獻，更不是追求職業上的夢想。

也不光是年輕人如此，同一份報告指出，現在國人有夢想的比例是百分之五十一．九，占了一半以上。但實際的夢想排名如下，第一名是「想過上健康的生活」，第二名是「想專注在自己的興趣上」，第三名是「想要有自己的房子（獨棟）」。

換句話說，大家擁抱的是與消費活動有關的私人夢想，對工作或職業這一類生產活動的夢想沒興趣。

這代表人類的夢想是無法誘導的，當然「條條大路通職涯」的思維我也能理解，反正人生終究與職涯有關，那又何必強迫別人把所有心力放在工作上？努力本身是一種投資，何苦一定要靠職業來回收報酬？好像不這樣做，投資就會血本無歸一樣，這根本是用僵化的思維來催眠自己。

當然，我可以理解急著討答案的心情，但病急也不能亂投醫，那純粹是自我滿足罷了。我們沒辦法用人為的方式生產夢想。

人類曾經嚮往飛上空中，嚮往登陸月球，嚮往所得增加，嚮往泡沫經濟。過去海外旅行是遙不可及的夢想，東方人打入體壇大賽更是遙遙無期。我們不可能在職業的框架中，強迫人們的夢想開花結果。

我有一位朋友M在知名企業擔任人事部長，夢想是擁有好的歌喉。他甚至在部落格的簡介中，寫下自己是一位「歌手」。職業上的成就不是他的夢想。

另一位朋友Z的夢想，則是當一個普通的上班族。他的老家是開米鋪的，從小看盡父母經營店鋪的辛酸，所以才會產生這種對比性的夢想，但他沒有嚮往特定的職業。

海外也有同樣的例子，我在大學時前往中國深圳（廣東省）參加實習，認識了一些大約十五歲的工人，他們的夢想帶給我很大的震撼。那些年輕人異口同聲地說，接受教育是他們最大的夢想。他們為了養家活口，大部分的青春都耗費在工作上，因此很渴望在學校念書，這樣的夢想令人肅然起敬。

從這些例子我們不難發現，不是只有職業才算夢想。我在第一章也提過，夢想往往是後來才加上去的，一開始沒有夢想也無所謂，這世上還是有很多好工作。某位高中老師在輔導學生就業時，只會建議英文好的學生當翻譯，對此深感苦惱。我是認為沒必要把學生的夢想和職業畫上等號。

事實上，不是每一家教育機構都把夢想和職業混為一談，京都市立堀川高中創下的奇蹟就是一個典範。該校設立了「探究科」，讓學生研究生活中的各種議題。第一屆探究科學生於二〇〇二年畢業，當年堀川高中考取公立大學的人數，比前一年增加了一百多人，二〇〇四年的人數又比三年前增加二十倍，享譽「奇蹟」的美名。

不消說，準備大考一定是很辛苦的，學生不可能只做自己喜歡的事情。關鍵在於，該校信奉「不偏廢」的理念。

然而，這種不扼殺學生好奇心，徹底尊重學生自主性的學校並不多。該校輔導學生的方針和其他學校不同，不會因為孩子成績差就勸他們放棄夢想。

旁人用考上名校的學生人數，來衡量一間不以成績為重的學校，我對這樣的評鑑方式確實不以為然，但不管怎麼說，探究科沒有把夢想和職業混為一談。堀川高中沒有強迫學生描繪職業性的夢想，而是培養他們的好奇心，試圖讓年輕人的好奇心開花結果。

我不是說把職業當成夢想一定不好，但那頂多是一種職業，不是生活的方式。每次看到年輕人苦苦追尋嚮往的職業，我就有一種很深刻的感觸。我們大人太重視職業性的夢想，還逼迫年輕人照我們的要求去做。

為何區區職業會霸占人們的夢想呢？本來各行各業都是大人擅自訂出來的分類用語，你光看現代的社會狀況，也找不出正確的解答。因此，我想回顧過去的歷史，分析夢想觀念和職業觀念的演變。還請各位陪我來一趟時光之旅。

夢的定義未曾明確

現在大家對於夢想的定義，不外乎職業上的自我實現，好比「嚮往的職業」或「嚮往的工作」就是如此。照理說夢想不一定等於職業，到底從什麼時候開始，人們都把職業上的自我實現當成夢想了？

要解開此一謎團，我們得先回顧夢想觀念的演化，重新定義這個有許多含意的詞彙。

首先，來看看夢想觀念的演變。簡單說，夢想從一種「觀看的東西」，變成了應該「持有的東西」。

《聖經》是全球最暢銷的書籍，當中就有一百多處談到夢。日本最古老的詩集《萬葉集》，也有將近一百首「夢」的詩歌。可是，那多半是指「睡夢」，這代表古代的夢是一種「觀視」的對象。

在王權專制的古代社會，只有國王這樣的特權階級有資格作夢，作夢是古代王權的一個重要元素。然後，還有專門的解夢師，會分析國王的夢境吉凶。換句話說，夢不只是一種公共的東西，甚至還會影響到政治。

為什麼夢在古代那麼重要？根據心理學家河合隼雄的說法，古人把夢視為神諭

（《日本著名隨筆（十四）夢》作品社出版）。那時候的夢，意味著預言未來的天啟。眾神託夢傳遞訊息，人們認為夢是不可違逆的天意。

國王在夢中接收神諭，解夢師負責評斷吉凶，夢在古代是少數人的特權。在那個年代，普通人連要「作夢」都辦不到，更遑論掌握夢了。那麼，究竟從什麼時候開始，夢才變成人人可見的東西？

研究過海外夢史的歷史學家酒井紀美表示，四世紀末是古代末期到初期中世的過渡期，自古以來只屬於國王的夢境，普及到了新的階級身上。這個時期被喻為「夢的民主化」（摘自《夢的日本史》勉誠出版）。

一般大眾也享有作夢的權利後，夢變成了稀鬆平常的東西，失去原有的神聖特性。日本在進入江戶時代的那段期間，人們對神佛的看法有了極大的轉變，信仰和宗教上的敬畏也漸漸衰退。大眾開始用合理和科學的思維看待事物，作夢不再是神祕的體驗，而是勞形傷神的煩惱，以及跟健康有關的現象。

到了十八世紀後期，夢淪落為俗物，不再具備古代或中世時期的「神聖性」（摘自《夢的日本史》勉誠出版）。

不過，夢終究是拿來「觀視」的東西，人們對夢的看法在根本上沒有改變，夢依然來自神佛或死者這一類超自然的外在因素。

那麼，夢的來源是從何時起內化，變成人們可以「掌握」的東西？酒井教授透過《日本國語大辭典》（小學館出版），調查夢這個字在十世紀到二十世紀，是如何被世人使用。

調查後發現，十世紀到十九世紀的日本，夢被當成未來的預兆，而且是在睡眠時接收到的外在訊息。一直要到二十世紀以後，夢才被當成人們清醒時內心所產生的願望。據說人類是在十萬年前才有完整的語言，把這十萬年的時光濃縮成一年份的話，等於要到十二月三十一日下午一點三十四分，人類才把「夢」當成應該「掌握」的東西。也就是說，這樣的觀念本身非常新穎。

確實，從歷史的角度來看，日本要到二十世紀以後，才允許人民擁有個人的願望。十九世紀黑船來襲，超過兩百五十年的幕藩制度被打破。明治維新這個重大事件，在人們心中留下深刻的印象，原來社會不是一成不變的。

可是，那個年代普通百姓連遷徙的自由也沒有。二十世紀日本國憲法實施後，人民才得以擁有各種個人願望。

另一方面，世上發生的重大革命多由人民揭竿起義，和明治維新不同。好比十八世紀後期的美國獨立和法國大革命就是如此。

後來，一九〇三年萊特兄弟達成人類史上首次動力飛行，一九〇五年愛因斯坦發表狹義相對論，被喻為二十世紀物理學史上的一大革命。個人的偉大成就和發現，揭開了二十世紀的序幕。

接著又過了半個世紀，全球人口增加一．六倍，呈現爆炸性的增長。然而，先進的科學和技術被強權濫用，人類各國針鋒相對，戰爭也越趨激烈。金恩牧師在一九六三年發表他的夢想，呼籲政府廢除人種差別待遇。隔一年美國政府設立了民權法案，黑人自美國憲法制定以來被歧視了將近一百八十年，終於在法律上獲得平等的地位。同一年，金恩牧師也得到了諾貝爾和平獎。

一個人的力量改變了整個世界。當然，沒有許多人的幫助也不會有這些豐功偉業。但至少證明了一件事，一個關鍵人物的熱忱，足以推動時代演進，在歷史上留下痕跡。

人們在二十世紀，見證了個體的願望有實踐的可能。可以說，二十世紀也是一個擁抱夢想的時代，人們有資格追求夢想，努力也能獲得回報。

前面提到人類對夢的觀念如何演變。夢本來是國王享有的特權，之後逐漸普及，變成可以靠自身意志掌握的東西。

從古至今人類被夢影響的事實沒有改變，但前提已經和過去不一樣。夢從一種外在發生的預兆，演變為內在發生的願望。

酒井教授用矩陣圖來說明夢的觀念變遷，橫軸設定為「睡眠」和「清醒」，縱軸設定為「過去」和「未來」，歸納出近代前後的夢有何差異（詳見圖表一）。

十世紀到十九世紀尚未踏入近代，夢

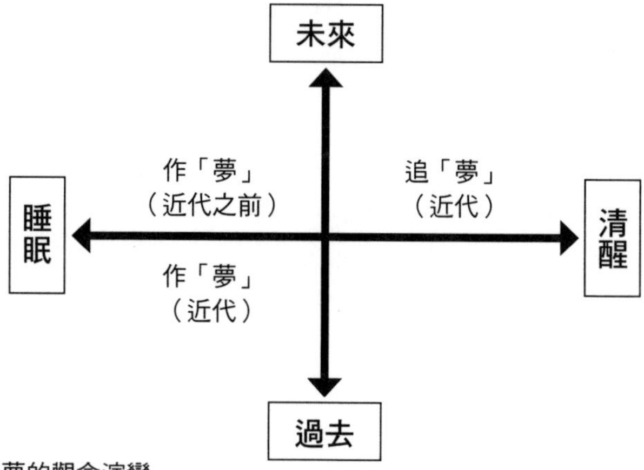

圖表一：夢的觀念演變
摘自《夢的日本史》（勉誠出版）

是睡眠時接收到的外在訊息，被當成未來的預兆。當然，那個年代的人在清醒時，想必也有一些志向或願望。不過，他們不會用「夢」這個字眼來形容。當時夢這個字眼，專門用來形容睡覺時看到的情境。

這一切要到二十世紀才有改變。夢源自於個人的體驗和記憶，還有清醒時內心描繪的「願望」。夢不再是睡覺時看到的東西，而是清醒時追尋的目標。換句話說，夢想勒索是近代的產物，古代根本沒有這種麻煩。

那麼，現在人們所說的「夢」到底有何涵義？我不是要探討現代的「夢」正確的定義，畢竟人們在使用語言時，並不會深思定義。

夢這個字眼時而充滿希望，時而成為勒索年輕人的武器，變化幅度不可謂不大。我只是想先停下腳步，確認一下人們實際上如何使用這個字眼。我要探討的不是「夢」原本的理想形象，而是「夢」在社會上流用的狀況。

首先我們要了解的是，夢這個字眼普及以後，變成了人人都能「持有」的東西，還可以套用在各種事物上。

假設，「魚躍龍門」的願望是「ＢＥ型的夢」，那麼「想要去做某件事」的願望，就是「ＤＯ型的夢」。兩者的共通點都是有特定的嚮往，因此可以用「ＷＨＡＴ

型的夢」概括形容。

除此之外，大學畢業生會碰到一個很實際的問題，就是到底自己要跟誰一起工作？這就是「WHO型的夢」；至於嚮往何種工作方式，則是「HOW型的夢」。

夢本來生存在別人無法評斷的領域，所以千變萬化不受拘束。但也正因為夢無形無像，很難做出單一的定義，我們在使用這個字眼時，也是抱著一種模糊的印象。

年輕人又是如何看待夢這個字眼呢？他們對夢有一套自己的見解，有一位高中生說，夢就是在你意志消沉時，仍然不會黯淡的東西，這樣的形容方式堪稱一絕。

確實，「夢」是我們很難放下的執著，就跟某些音樂會自動在你腦海中響起一樣。就算你沒有刻意去實踐，只要抬起頭就會看到那一顆生命中的北極星，差不多是那種感覺。

那好，夢和「目標」是否不一樣？年輕人很聰明，沒有把這兩者混為一談。有些年輕人告訴我，他們有嚮往的職業，但那終究是目標罷了，並不是自己的夢想。也有人說自己找到目標了，只是還沒有夢想。例如有的學生想當藥劑師，但他很清楚那是目標，不是夢想。年輕人把「夢」和「目標」分得很清楚，目標唾手可得，夢則在更遙遠的位置。

二〇一八年世界盃足球大賽，擔任巴西隊王牌的內馬爾，他的夢想是奪得世界冠軍。在沉重的期待壓力下，他在第二場比賽的後半場才得分。賽後他在自己的IG上說，奪冠已經不是夢想，而是他必須辦到的目標。

從這些例子我們可以知道，目標是有機會實現的合理標的，夢想則是不曉得能否實現的海市蜃樓。換句話說，夢是指「現階段不切實際」的東西，這才是我們目前熟知的「夢」所具備的一大要素。

既然是不實際的願望，實現的難度自然特別高。當夢想無法實現或實現的機會渺茫時，就會帶來負面的情緒。這是「夢想」和「希望」這個相似詞最大的不同，「夢想」是一種在「希望」和「絕望」之間劇烈擺盪的字眼。

人間如夢似幻，一個人字旁再加上一個夢就成了「儚」。儚在日文中為夢幻之意，意思是人類的夢想乃虛幻不實的妄念。

我曾經開導某位高中生，夢想不是人生的必需品。沒有夢想的他聽到這句話以後，人生頓時充滿了希望。人沒有「夢想」，也是能擁抱「希望」的。他把「夢想」和「希望」分得很清楚，那到底什麼是希望呢？

根據社會心理學家藍道夫・內賽的說法，「希望」是辛苦耕耘獲得回報，才會產生的一種情感（摘自《Social Research》約翰・霍普金斯大學出版社一九九九年六十六號）。換句話說，「希望」被歸類為感情狀態，「夢想」則是實現的對象。簡單說，「希望」是幹勁，「夢想」則是想做的事情。

剛才提到，夢想是指「現階段不切實際」的事物。可是，不是所有不切實際的事物都能成為夢想。世上有一大堆不切實際的事物，當事人沒有實踐的欲望，就不可能化為夢想。

有個夢想成為運動選手的高中生，對我嶄露過他的決心。

「我想成為職業選手，但當不當得成誰也說不準，我只是有那個決心罷了。」

的確，夢想能否實現是一大未知數。當事人要有實踐的決心，才能成為真正的夢想。你有沒有意願去做，這是夢想的第二大要素。

如果世上真有全知全能的上帝或完人，他們大概不會有夢想。因為他們想做一件事情不需要前置時間，馬上可以心想事成，這就是全知全能的力量。

當你想要達成某個願望，就代表那個願望有無法實現的困難度。只有不完美的人類才會有夢想，人生圓滿的人也不會有夢想。

最後一個要素並不特別，那就是夢想必須和當事人有關。夢想是很私人的東西，就算現階段無法實現，那也是自己無法實現，不是別人無法實現。對夢想的渴望也是一樣的道理，你想攀登的高山不見得是別人想攀登的高山。

從這個角度來看，夢想一詞和「志向」的意義又不一樣。這兩個詞彙各自有什麼樣的涵義呢？日本最具代表性的企業家孫正義，他的座右銘是「志比天高」（摘自軟銀新鮮人 LIVE 2012）。

孫正義的定義如下：「夢想」是個人的願望和欲望，「志向」則是實現眾人夢想的氣概，遠超乎個人的願望（摘自軟銀職涯 LIVE 2018）。

這樣的定義也很符合語意，根據《大辭林第四版》（三省堂出版）的解說，「志」這個字意為體恤和善待他人。追求自我和旁人的滿足，這才稱得上「志向」。

換言之，個人的「夢想」一旦帶有社會貢獻度，就會昇華成公共性質的「志向」。只有決心為世人貢獻的人，才配擁有「志向」。

因此，金恩牧師希望廢除人種差別待遇的夢想，稱得上是一種志向。而企業貴為社會之公器，企業家的夢想也必須是公共志向。

當我們把「目標」「希望」「志向」等相似詞彙擺在一起看，就不難看出人們是以何種涵義使用「夢想」這個字眼。

去東京迪士尼玩對某些人來說是一大夢想，這代表對當事人來說，現階段還沒辦法去東京迪士尼玩。例如住在偏鄉的孩子，要等存夠錢以後，找時間跟朋友一起去玩。有難度才叫夢想。

反過來說，一個住在東京有錢有閒的社會人士，隨時都能去迪士尼玩，那麼去迪士尼玩就稱不上夢想。夢想是指現階段難以實現的願望。

去迪士尼玩也稱不上志向，這樣的說法是有問題的。一個人去東京迪士尼玩，沒法帶給大多數人幸福。這也間接印證，夢想是個人的願望。

人們掛在嘴邊的「夢想」，經過上述的統整後，似乎可以做出一個明確的定義。也就是當事人目前還無法實踐，但無論如何都要達成的私人願望。更簡單的說法是，夢想屬於個人的非現實願望。

回頭來看我提到的那幾位朋友。M身為企業高幹，卻夢想當一個歌手；Z承襲家業，卻希望當一個普通上班族；年紀輕輕就外出工作的中國青年，則把求學視為夢想。他們的夢想在旁人看來，或許一點也不像夢想。

不過，那些都是貨真價實的夢想。因為他們的夢想都是現階段無法實現，但本人非常想要達成的願望。

一般來說，夢想的另一種說法是自我實現。當你仔細探究當中的玄機，就會發現夢想其實帶有上述的含意。

現在我們重新定義了「夢想」，得知夢想是現階段難以實現的願望。強迫別人追求一個現階段難以實現的願望，這本身是很奇怪的事情。不是每個人看到難以跨越的高牆，都會產生躍躍欲試的挑戰心態。被硬塞到手中的夢想，不會是自己想要達成的願望。

多摩大學研究所名譽教授田坂廣志，培育過不少新創企業和新興產業。他曾經說過，多數人很難真正相信夢想（摘自《工作思想》PHP研究所）。

就算你平日不斷說服自己夢想一定會實現，潛意識也會對這種說法存疑。別人強迫你追尋的低溫夢想跨不過這一道檻，很快就會冷掉了。

現代社會的年輕人之所以被夢想壓得喘不過氣，主要是找不到真正想追尋的夢想。旁人催促他們找到夢想，但他們自己很清楚，那不是其他人可以賦予的東西。要不要有夢想那是自己決定的。

近代以前和近代以後的夢，最主要的差異不是從睡夢演變成心願，而是能否靠自己的努力去掌握。

現代的年輕人過於自責，他們認為沒有值得驕傲的夢想是個人的問題，也是自己不夠努力的關係。

夢想本該是個人現階段無法實現的願望，怎麼會跟職業連結在一起呢？接下來我們確認一下職業觀念的演變，看看職業和夢想是如何串連的。請再陪我回顧一段過往。

職業觀念的變遷

簡單說，職業從「義務」變成了「權利」。

古希臘的城邦國家是西洋思想的起源，勞動被視為奴隸從事的活動，並不受到重視。而在基督教的教義中，勞動也是亞當和夏娃背棄上帝教誨，才必須承擔的辛勞。這兩者都把勞動當成一種對人類的懲罰。

後來基督教的新約《聖經》修正了勞動的負面印象。「若有人不肯工作，就不可吃飯」，引領人心向善的神職人員，非常重視精神上的靈性活動，因此勸戒信眾不得輕視勞動這種獲得食糧的世俗活動。換句話說，忍受勞動苦役是「信仰的證明」，也提升了勞動的地位。

修道院承襲了這樣的戒律，依靠勞動過上自給自足的求道生活。於是，勞動變成了歡喜的活動、有意義的活動。

十六世紀馬丁．路德和喀爾文推動的宗教改革，又強化了這樣的觀念，人們對職業的觀念也產生變革。就連神職以外的其他職業，也被當成是上帝授予的使命（工作召命觀）。勤勉的勞動和禁欲是拯救靈魂的手段。

勞動不再是原罪，神職以外的職業也被當成了天職。職業再無貴賤之分，宗教改革也徹底改變了人們的職業觀念。

不過，當時職業仍然是上帝賦予的使命，也是為了上帝才去實踐的行為。跟現在這種為了自己工作的觀念不一樣。

清教徒是基督新教（喀爾文派）的一大勢力，他們勤於勞動，認為勞動是在響應上帝的召命，也是後來革命的推手。這群嚴以律己的教徒，忠實奉行禁欲和勤勉的信條。

漸漸地，勞動失去了服務上帝的意涵，人們專注於勤勉刻苦的勞動，慢慢累積了利潤。一開始賺錢並非勞動的目的，純粹是對世人提供物美價廉的商品，所得來的成果。利潤被當成了敬天愛人的實踐產物，利潤的多寡成為社會貢獻度的指標。

把禁欲視為美德的宗教，竟把賺錢的行為正當化，而這也間接推動「資本主義精神」。所謂的資本主義精神，就是把今生的經濟成就當成努力的報償。本來，今生的努力應該在來生獲得回報，但信奉這種觀念的教派逐漸式微，人們忙著在今生討回努力的報償。努力和回報的觀念大幅轉變，人們也失去了耐性，變得急功近利。

職業則是帶來經濟報償的手段。職業帶來的不是來生的利益，而是今生的利益。

基督教也認同信眾追求職業上的功利，變相承認財富寡占和貧富差距存在。

隨著社會近代化，人心也失去信仰，但勞動沒有被取代，提升利潤和累積財富變成了職業的目的。

到了十八世紀，美國發表獨立宣言（一七七六年）。起草獨立宣言的班傑明・富蘭克林就是清教徒，把時間視為金錢的富蘭克林，忠實奉行禁欲和勤儉的美德，終於從一位貧窮少年攀上了「建國之父」的地位。至今富蘭克林依舊是美國人尊敬的成功典範，他是美國夢的最佳範例，也是資本主義精神的體現。

受到美國獨立宣言影響的另一件畫時代大事，就是法國大革命（一七八九年）。當時公布的人權宣言，有提到人人生而自由平等，這樣的概念可謂一大創新。不僅開創了君主立憲制度，讓君主必須遵從憲法，人民也擁有了人生的主導權。

美國獨立和法國大革命都是人民起義，最終達到自由與平等的目標。人民靠自身力量得到經濟上的自由和政治上的平等，這兩大創舉也帶動職業觀念的劇變。

工作不再是單純的賺錢手段，而是晉升上流社會的方法。尤其「美國夢」這種出人頭地的概念，鞭策人們去追求成功。

職業觀念變得越來越正向，但過程中又發生了異變。十八世紀後半的工業革命，迎來了大量生產的資本主義時代，生產方式從手工變成了工廠勞動。人們被迫迎合機器的節奏從事單調死板的勞動模式。這種非人的工作方式輕視了人類的主體性，對勞動的負面觀念又再次死灰復燃。

到了二十世紀，美國的工業前線一味追求速度和效率，工作早已沒有成就感和充實感，人們開始反省工作的意義。心理學家亞伯拉罕・馬斯洛在一九六〇年代提倡的「自我實現理論」，為人們帶來了解答。

馬斯洛的想法如下，當生命和安全獲得保障，歸屬和尊嚴也得到滿足，人類還是會不斷成長來追求自我實現。

一九六六年國際人權公約明示，所有人民都有自決的權利。對大眾來說，職業成了自行選擇的標的，以及成就自我所付出的努力。

最初職業被視為苦役，勞動的意義從求生轉為侍奉上帝，再從賺錢轉為謀求成功。最終演變為自我實現，連要實現的目標都由自己決定。如今，職業不再是上帝賦予的義務，而是自行選擇的權利。

看完了西方職業觀念的演變，日本的職業觀念又是如何呢？

日本的中世時代和歐洲的中世時代一樣，都有職業上的貴賤之分。除了有貴賤之分，人們工作也只是要謀求溫飽，彼此間沒有太多的聯繫，所以也不認為有所謂的天職。直到江戶時代宗教和職業串聯，人們才有天職的概念。宗教對日本的職業觀造成了不小的影響。

江戶時代初期（十七世紀），遁入禪宗修法的武士鈴木正三，主張世俗的職業生涯就是一種佛道修行。他提出「世法即佛」的概念，將職業和佛教串聯在一起。後來，正三還提倡了「職分思想」，也就是把士農工商當成對等的「職分」，而不是身分的階級。他沒有否定士農工商的階級畫分，反而認同每個階級都有各自的責任（職分）。

每個人被賦予的工作都是天職，這種帶有宗教色彩的勤勉內涵，和馬丁·路德還有喀爾文是一樣的。

正三的職分思想在江戶時代的中期和後期（十七世紀和十八世紀），各有其傳承者。分別是石田梅岩和二宮尊德。

梅岩是工商階級出身的思想家，從小在商家當學徒，靠自修的方式研習儒學。當時社會上有「貴穀賤商」的風氣，認為商人賺取的都是不當的利益。畢竟商人不事生產，完全是靠錢滾錢的方式致富，所以被批評為詐欺之輩。

梅岩主張商人在社會上的存在意義，武士負責治國，農民專職生產，匠人製作器具，商人流通各類商品。「職業無貴賤」就是他最具代表性的教誨。

換句話說，士農工商只是社會職務上的差別，無關人類的價值高低。

正三和梅岩並沒有破除階級的想法。他們追求的不是美國夢那樣的階級流動，而是尊重每個人與生俱來的立場，撇開高下之分。

二宮尊德建構的則是「報償思想」，當一個人奉公無私貢獻社會，總有一天會得到好的報償。每天扎實地努力，日久就會累積為極大的成果，這是他「積小為大」的哲學。

尊德成為了勤勉的代名詞，還出現在小學的教科書中，許多學校操場上也有他背著薪柴低頭苦讀的銅像。

幼名「金次郎」的尊德，倡導勤勉和節儉，對日本人的工作態度造成重大的影響。號稱「日本資本主義之父」的澀澤榮一也非常尊敬二宮金次郎。

各位可能覺得勤勉節儉的金次郎，和資本主義似乎扯不上邊。其實，金次郎發起了一種叫「五常講」互助金融制度。也就是大家集資借給窮困人士，並收取利息。一八二〇年，小田原藩出資贊助，全藩鎮武士都能利用這一套制度。

據說，這是全世界第一個信用合作社。也難怪創立日本第一家銀行（第一國立銀行）的澀澤榮一，會尊敬二宮金次郎了。

勤勉節儉的刻苦勞動，使得獲取利潤有了正當性，這跟清教徒刻苦耐勞的職業觀念有異曲同工之處。金次郎在日本被當成勤儉的典範，戰後的一元鈔票上也有他的肖像。

在崇尚勤勉的風氣中，福澤諭吉提出了勤勉不是唯一要務的看法。他在著作《文明論之概略》（一八七五年）中提到，人生之目的不光是追求衣食無缺，只求衣食無缺的人，無異於蜜蜂和螞蟻，沒有人類進步的素養。衣食足則人品貴，有了豐衣足食的條件，才能成為智德兼備的文明人。

明治維新（一八六八年）受到法國人權宣言的影響，福澤諭吉經歷過明治維新，提出了教育之目的在於「人生發達」的見解（摘自《福澤諭吉教育論集》岩波書店出版）。他比馬斯洛早一百年，領悟了自我實現的概念。

只不過，明治維新不是人民起義的革命，而是從幕府掌權的幕藩體制，轉變為天皇掌權的專制國家體制。封建社會的身分制度和觀念，並沒有被推翻。

最好的證據就是，當時的人沒有馬上剪斷髮髻。過去日本約有六十種髮髻，用來彰顯個人的身分和職業。明治政府在一八七一年實施斷髮令，明治天皇兩年後斷髮，髮型自由的風氣才逐漸普及。光是廢除髮型限制就得耗這麼大的功夫，追求職業自由就更花時間了。

二十世紀人類有了選擇職業的權利。一九四七年日本國憲法施行，世界人權宣言（一九四八年）和國際人權公約（一九六六年）也對日本造成影響，慢慢改變了每個人的觀念。這樣想是合理的推測。

根據總務省統計局的《勞動力調查》資料，也能看出人們逐漸掌握職業自由的趨勢。在統計資料中，就業人士分為三大類。第一類是經營個人事業的「自營業者」，第二類是無償協助家族事業的「家族從業者」，第三類是「雇傭人士」，也就是所謂的上班族。

總務省統計局官網上有公布一份長年統計資料，年代最久遠的數據是一九五三年，自營業者和家族從業者占全體就業人士的比例，高達六成左右。這當中也包含了自行創業人士，但也有不得不繼承家業的人。

另一方面，一九五三年的雇傭人士大約占四成。短短五年後，一九五八年就上升到五成以上，十年後的一九六八年更高達六成。再過十年後，一九七八年達到七成。一九九二年終於超過八成，二〇一九年則將近九成。自營業者和家族從業者越來越少，雇傭人士的比例卻持續攀高。

一九六二年《企業招待狀》雜誌發行（大學新聞廣告社出版），專門提供大學畢業生求才訊息。一九八六年實施男女雇用平等法，人們選擇職業的機會也逐漸獲得保障。

至少從法治角度來看，日本的就業人士已經能自由選擇職業了。人們有自由選擇職業的權利，工作不再是先天的既定事項，而是後天的習得要件。現在年輕人理所當然地憑自己的意志選擇職業，但這樣的社會環境形成沒多久，兩、三個世代以前的日本人，實際上並沒有選擇職業的權利。

日本和海外演變成近代化社會，人人都能自行選擇職業。經歷了革命和戰爭以後，人民好不容易爭取到自由，身分制度也被瓦解，居住、結婚、職業上的限制都不存在了。

現代人一生下來沒有注定好的身分，職業不只是謀生的手段，對居住地和結婚對象也大有影響。換句話說，職業和個人的自我認同息息相關，會影響到自己的生活地點，以及一起生活的對象。

用服裝來比喻的話，過去有服裝儀容規定的時代已經過去，現在是自由穿衣的時代。職業也日漸時尚化，成為一種自我表現的手法。

可是，這樣的變化也不全是好事。你有選擇的自由，也同樣有落選的風險。你可以選擇適合自己的職業和職場，但你要獲得那一份工作，還是得在考評中脫穎而出，讓企業主挑上你才行。

很多求職的大學生跑來問我，找不到自己想做的事怎麼辦？那些學生只考慮到自己有選擇的自由，殊不知自己有落選的風險，不是找到想做的事就會一帆風順。學生在選擇企業，企業也在挑選學生。嚴格來說，你在挑別人之前得先被挑。現在的年輕人，就是活在如此殘酷的時代。

為了找到一份工作，年輕人必須付出努力讓企業看上自己。對討厭抉擇的人來說，他們等於被迫參加一場自由競爭的遊戲。

選擇的自由和落選的風險是一體兩面的，各自代表著天堂和地獄。過去雖然不自由，但人們不必耗費心力做抉擇；現在則是要努力去做抉擇，同時讓別人看上自己。我們生活在一個職業觀念變動極大的時代。

夢和職業的觀念演變我們都看過了，古代的夢是用來「觀視」的，近代的夢是用來「掌握」的。職業從一種被賦予的「義務」，變成了自由選擇的「權利」。兩者的共通點是，同樣要到二十世紀才能自由選擇。

也就是說，夢想和職業都變成了表現自我的工具。大人也可以利用這兩大要素，強迫年輕人每天過上勤勉節儉的生活。

「嚮往的職業和工作」，都是年輕人現階段無法實現的事情。不過，人們已經有自由選擇職業的機會，實現的可能性並不為零。

況且，選擇職業成了一種權利，但勞動本身仍是義務。你不工作就活不下去，這是關係到生死存亡的問題，年輕人把選擇職業這件事，當成必須達成的目標。更正確的說法是，他們不得不這樣想。

職業現階段難以實現，卻被捧成不得不達成的目標。而且又兼具義務和權利的性質，跟夢想簡直一拍即合。

年輕人越認真看待夢想，大人越能誘導他們繼續努力。賦予年輕人職業性的夢想是種巧妙的機制，一來可以豐富個人生涯，二來又可以促進社會發展。

從「夢」的定義來看，把夢限制在職業的框架裡並不正常。尤其現在的社會風氣，並不認同年輕人追逐職業以外的夢想。

夢想被限制在職業的框架中，這也是夢想勒索發生的一大原因。下一章要來探討夢想勒索的成因，同時分析這個問題為何一直沒有浮上檯面。

第三章

好心做壞事的共犯

沒有惡意的教師和家長

夢想勒索是如何產生的？為什麼大人會做出傷害年輕人的事情？

有些人可能認為，利用夢想來逃避現實是年輕人的問題，他們認為，年輕人汲汲營營「追尋自我」才是真正的病灶。

不過，「追尋自我」這句話是大人先推廣的。中央教育審議會是內閣總理大臣召開的重要教改會議，該會在一九九七年提出《我國新時代的教育方向（第二次答詢）》，開頭就有提到一段話，協助孩子踏上尋找自我的旅程，才是教育的目的。

換句話說，年輕人不是自願踏上尋找夢想和自我的旅程，是大人想方設法逼迫他們去做的。

那麼，不斷要求年輕人追夢的究竟是誰？不消說，實際犯下夢想勒索的是老師和家長。藝人和運動員的確也有宣揚夢想，但他們沒有強迫每一位年輕人追夢。藝人和運動員頂多就是夢想勒索的共犯罷了。

持續強迫年輕人追夢，讓年輕人感到不愉快的元兇，其實是那些跟年輕人朝夕相處的親密對象，也就是各位老師和家長。在學校發生的夢想勒索若在職場上出現，那麼元兇就變成了上司。

請別誤會，我的用意不是要找出戰犯，而是要剖析箇中的玄機，弄清楚夢想勒索發生的原因。下面來聽一些年輕人奇妙的感言。

每次我去各大高中演講，很多高中生都說，聽完我的演講他們才懂得思考將來。

「思考未來，對我來說從來就不是一件愉快的事。」

「我從來沒有思考過自己的將來，有幸聽到您的演講真是太好了。」

「從來沒有人這麼認真地說明『人生』和『前程』，您的演講令我受益良多。」

這些感想令我十分感動，但內容有一點奇怪。大人要求年輕人思考將來的夢想，卻沒有真的讓他們思考自己的前程。沒有思考前程，是要如何思考夢想呢？反正我不是靠演講吃飯的，我就老實明講好了。大人整天要求年輕人追夢，但除了讓他們聽一兩次演講以外，根本沒給他們思考前程的機會。這無疑是本末倒置的做法，熱心執教的老師應該不會做這麼膚淺的事情。難不成老師和家長執著於夢想，背後另有其他的用意，才沒給年輕人思考前程的機會？到底夢想至上主義的背景為何？

我採訪過許多年輕人，發現大人不是真的希望年輕人擁有夢想。各位實際看看他們的想法，就知道夢想勒索的真意為何了。

「補習班老師跟我說，我沒有實踐夢想的氣魄，所以書才念不好。」

「大人一直跟我說，有夢想就會努力去做任何事。」

「聽大人的講法，事先決定好將來的夢想，讀書會比較有方向。」

「老師和爸媽都說，快點找到夢想，就有努力的目標了。」

從上述的例子不難發現，大人只是把夢想當成工具，讓年輕人做好眼前的事情。為什麼要年輕人做好眼前的事情？年輕人的將來掌握在老師和家長手上，他們認為讓年輕人做好眼前的事情，至少比無所事事要好，未來的前途也會比較光明。

老師和家長會這樣想，跟日本奉行「競賽人生觀」大有關係。這點我們稍後再提，先來看清大人真正的用意。某位縣立高中的校長，對夢想工具化發表了下面的看法：

「現在的學生缺乏先拚再說的氣概，沒有目的或理由就懶得努力，也不會有幹勁。偏偏他們自己又找不出理由，因此強迫他們追尋夢想，是不得不為的手段。」一換句話說，大人的用意是要年輕人做好眼前的事情。這才是他們搬出夢想的原因，夢想只是一種用來引誘年輕人努力的手段。

實現夢想可以獲得無上的喜悅，這本該是目的才對。結果大人卻把夢想當成手段利用，為了夢想努力是一個簡單易懂的理由，但事實上，他們是為了讓年輕人努力，才創造出夢想這個冠冕堂皇的藉口。

前面提到的校長不是壞人，學校必須追求多數學生的最大福祉。校長也是為了學生好，才不得不去依賴夢想。經過實際採訪，我能感受到校長的無奈。

大人真的很希望年輕人努力，甚至不惜用上本末倒置的手段。反過來說，看到年輕人不肯做好眼前的事情，令他們十分憂心。

其實從時代背景來看，這也是無可奈何的事。現代人有了遷徙、結婚、職業上的自由，自我認同也化為一張有待著墨的白紙。限制我們的身分、場所、宗教、職業都不存在了，失去了先天上的依歸，意味著我們必須在後天上找到自我認同。

更何況，自由化的社會也是充滿風險的社會，自由不見得是好事。

以選擇職業來說，你有選擇的自由，同時也有落選的風險。可能性的背後隱藏危險性，所謂的自由是一場成本極大的豪賭。

自我認同化為一張白紙，年輕人不得不努力塑造自我認同。因為從出生那一刻起，他們的將來就是未知數。

擁有無限可能乍聽之下很美好，但你也可能迷失自我。問題是，來到這世上的孩子不會明白這個道理。

於是乎，老師和家長的主要任務，就是培養年輕人的實力，幫助他們塑造自我認同。讓年輕人找到自我，成了大人最主要的工作。大人希望年輕人做好眼前的事，偏偏手段和目的顛倒，才會引發這樣的局面。

過去社會尚未自由化、風險化，沒有人需要負責這樣的工作。每個人只要做好眼前的事情就夠了，身分、宗教、職業等自我認同的要素，在出生以前就已經決定好了。拚了老命努力也無法打破階級，就連居住地區、結婚對象、職業都沒有選擇的自由。大家只能盡力做好眼前的事情，剩下的也不必多想。

而在自由化、風險化的社會中，老師和家長多了一項新的工作，就是幫助年輕人找到自我認同。把目標指向遙遠的將來，是大人唯一的辦法。

年輕人自己決定的遠大夢想，會成為照耀前程的北極星，還沒找到自我認同的人也能堅定前行。就算前途隱晦不明，只要看得到遠方的目的地，年輕人就願意走好當下的每一步，也不會失去幹勁。這才是大人真正的用意，只有在自由化社會才需要這種手段，古時候的人都有既定的前程，根本不需要拿夢想當誘餌。

失去了與生俱來的依靠，人們只好尋求其他的依靠。從這個角度來看，老師和家長以夢想為餌，只是在積極適應社會變遷的結果。

那麼，為何夢想適合拿來當新的依靠呢？

第一個理由是，拿夢想當目標比較容易提供建議。年輕人有夢想，大人就可以提供實現夢想的建議。人生經常被比喻為旅行，但兩者實際上是有差距的。例如你說自己想去某個地方觀光，旁人替你指路並不是一件困難的事情。

提供建議的難度越低，越容易說服年輕人去做好眼前的事情。所以年輕人擁有夢想，反而是大人特別開心。

不過，缺乏明確的指標和目的地，大人也沒法提供建議。某位町立中學的校長告訴我，時下的主流教育模式，是賦予年輕人夢想，教導他們如何照計畫走。像醫生或護理師這一類職業，努力的方向和路程很明確，教職人員還有辦法指導，但除此之外的就教不動了。

換句話說，比較容易提供建議的夢想，才是老師和家長喜歡的好夢想。大人的目的是要年輕人做好眼前的事情，因此夢想被分成「好的夢想」和「壞的夢想」。把夢想當成手段指的就是這麼一回事，既然夢想有好球帶，那麼偏離好球帶的夢想自然會被否定。

另一個理由是，夢想的性質很符合時代的需求。在自由和風險兼具的社會中，還是有不能打破的規矩，這個規矩就是「歧視」。比方說，雇主在雇用勞工時，絕對不能有性別歧視和出身歧視。

歧視等於是在侵害自由平等的機會，被歧視的一方必須承擔不平等的風險。生活在自由競爭、實力掛帥的社會中，機會和風險均等是不得打破的共識。死守這個堅定的共識，是基本中的基本。

而夢想是個人的嚮往，不該拿來跟其他人比較，也不該被其他人評斷高低。夢想不會歧視任何人，每個人都能擁有夢想。所以，兼容並蓄的夢想很適合自由化、風險化的社會。

思想、信念、出身、國籍、性別都不會限制你追求夢想，身分、歸屬、頭銜也跟追求夢想無關。任何人都有擁抱夢想的權利，這麼方便好用又萬能的工具，世界上再也找不到第二個了。「夢想」簡直是完美無缺的工具，也只有夢想會給所有人好臉色看。

夢想和我們的教育體系也很契合，學校是現代教育最重要的基石。職業選擇雖然不再受到限制，但光有自由還是無法選擇嚮往的職業。

除了提供職業機會，還要擴大教育機會，讓人們學習求職所需的知識和技能。於是，政府興辦學校，安排了初等教育到高等教育的完善制度。戰後的義務教育就學率已經高達百分之九十九，一九五〇年高等學校的就學率只有百分之四十二・五。半個世紀後，這個數字在二〇〇〇年上升到百分之九十五・九。大學和短期大學的就學率，在一九六〇年只有百分之十・三，到了二〇〇〇年上升到百分之四十九・一。教育徹底普及化了（摘自《學教基本調查》文部科學省）。

接受了教育，知識和技能會不斷進步，因此教育算是一種保值的服務。在自由化和風險化社會中，人們當然趨之若鶩。

那麼，我們從學生轉變成勞動者的過程中，夢想又起了怎樣的作用？其實，夢想是會慢慢冷卻的。起初小朋友可能想當醫生或運動選手，但在接受教育以後，了解自己的能力到何種地步，開始發現夢想無法實現。

當然，總有一些孩子不肯放棄夢想，但大部分的人會被淘汰掉。換句話說，老師和家長不必勸小孩子放棄夢想，畢竟這太難以啟齒了。這種自行冷卻的功能，也是學校教育體系的一大優點。

學校教育體系內藏巧妙的機制，能降低個人找不到工作的風險，以及大量學生失業的社會風險。

因此，大人才敢放心叫年輕人追求夢想，這樣的訓示也有一定程度的效果。反正年輕人再怎麼熱衷夢想，學校教育體系的冷卻功能，也會讓年輕人清醒過來。

年輕人心甘情願放棄夢想，對社會秩序也是一大幫助。看到那些憑本事實現夢想的人，失敗者會認為是自己付出的努力不夠，很自然地接受失敗的結果。這可以防止失敗者對抗成功人士或社會體系，追求夢想可謂有利無害。

老師和家長勸年輕人擁抱夢想，主要是這個新的依靠非常好用。大人非但沒有惡意，甚至還滿懷善意。他們相信讓年輕人追求夢想，年輕人就會找到自我認同。請不要誤會，沒有惡意不代表罪孽比較輕。事實上，把夢想當成手段利用，正是夢想勒索的成因。夢想本該是自發性的內在要素，強行賦予就會導致這樣的下場。拼裝硬湊的夢想早晚會出問題。

比方說，有些不擅長念書的小孩子，對自己放棄受教感到驕傲（摘自《學歷與階級》朝日新聞出版）。如果大人告訴他們，人生不是只有念書，努力追求夢想也是一條明路，這本身就是很惡劣的誘導。

的確，被蓋上不會念書的烙印，會傷害到小孩子的自尊心，令他們感到自卑。問題是，萬一夢想沒有實現，沒學歷的孩子可能找不到工作。找不到工作會怎樣？到時候就只剩下餐風露宿的下場。無法挽救的悲劇，無疑是最可怕的噩夢。

這就是教育體系的雙重性質，表面上尊重學生的特性，對每一個人和顏悅色，背地裡卻隱藏著冷酷無情的一面。

饒是如此，老師和家長依舊沒有惡意。他們堅持要年輕人擁有夢想，主要是社會風氣認同有夢想是一件好事。再者，年輕人也沒那個時間慢慢去醞釀內在的夢想。反正有夢想人生就會多采多姿，對社會也大有貢獻，這是大人深信不疑的道理。

對了，前面我把老師和家長放在一起，其實這兩者的職責和權柄是有差異的。老師和家長都要求年輕人追夢，但老師負擔的職責更為廣泛。

人們有了選擇職業的自由後，職業教育的義務從家庭移交到學校手中。老師要肩負科目指導、生活指導、職業教育。就某種意義來說，他們要求年輕人追夢也是注定的結局。

教師這個職業的宿命

背負職業教育之責的老師，會要求年輕人追夢也是逼不得已。

第一個理由是，老師本身就是夢想當上教職的人，而他們也成功實現了夢想。除了大學教授、校長、訓導以外，基本上教職是需要考取資格的專門職業。所以，想當老師的人必須在年輕時立定目標，否則當不成老師。

有些老師純粹是沒有特殊技能，又找不到想做的工作，才決定當老師謀求安定。即便是這種消極的老師，也同樣要先立定目標才當得上。

某一些職業也有同樣的特性，好比醫師、美容師這一類「師」字輩的專業工作，都要有嚮往才當得上。那麼，老師這種職業有何特徵呢？

有一次我和某縣立高中的年輕老師對談，我問那些老師他們最想要什麼東西，各位猜答案是什麼？

「我們想要上司。」

這是在場所有老師都認同的答案，這對厭惡上司的上班族來說，一定是難以置信的答案對吧。為什麼老師想要上司呢？

因為他們從當上老師的第一天起，就站在「為人師表」的立場。在小孩子眼中，老師就是老師，沒有資深或資淺之分。老師之間也是以「老師」相稱，跟年資無關。

從上任第一天就背負「為人師表」的責任，他們明白自己必須說出正確無比的話來，這是眾人對他們的期待。

問題是，老師背負著提供正確答案的壓力，卻沒有前輩告訴他們什麼才是正解。一來其他老師工作十分忙碌，二來靠自己想辦法被視為一大美德。

舉例來說，有一門課前準備作業叫「教材研究」，老師最好自己花時間製作教材。拿其他老師的教材來用，會被當成剽竊他人辛苦的成果，這不是為人師表該做的事。

靠自己的能力解決問題，才是老師該做的事情，很多老師從小就被灌輸這樣的觀念。但說句實話，大部分的事情根本無從判斷對錯，所以年輕老師希望有一個上司，教他們什麼才是正確答案。老師們需要的是一本教科書。

話雖如此，現實中沒有上司指導他們，那該怎麼辦呢？沒有外部參考對象，那就只好往內在尋找答案了。不過，自己的將來也是未知數，說不出一個確切的答案，於是老師們就從自己過去的經歷尋找解答。

那麼，什麼樣的經歷適合拿來鞭策學生，又特別具有說服力呢？

答案就是自己夢想當上老師，而且成功實現夢想的經驗，這是他們唯一有自信說出口的答案。畢竟，當上老師是他們靠努力實現夢想的鐵證。

當然，要讓所有學生擁抱職業性的夢想是非常困難的。因此，老師們乾脆從自己的成功經驗中，挑出無從反駁的正確道理傳授給學生。到頭來，所有訊息就被簡化成「做人要擁抱夢想」「做人要努力」了。

也就是說，要先有達成目標的動機，之後再來努力。對那些老師來說，先決定好夢想不是從書上看來的人生指南，也不是跟別人聊天胡謅出來的美談，而是基於自身體驗的經驗法則，這也幾乎是他們唯一的依靠。

前面我們深入了解教師這個職業，終於明白他們要求年輕人追夢的理由了。接下來我想從比較宏觀的視野，來探究教師這個職業的宿命。

教師的職責主要是教育活動，夢想一直是教育活動中的重要瑰寶。教育這種行為本身，需要拿夢想來當作動力。

經濟學家小鹽隆士說過一項很有趣的論述，他說若非小孩子的能力有不確定性，也不會有教育上的需求，這是大家幾乎不敢說出口的話題（摘自《從經濟學角度思考教育》日本評論社出版）。

上面這段話的意思是，要讓家長以為自己的孩子有潛力，持續追求更好的教育，這樣才會產生教育上的需求。家長的妄想正是教育需求的來源。

假如我們可以準確預測小孩子的成長性，了解自家小孩念書也難成大器，那麼大眾教育根本無法成立。換句話說，夢想是教職人員吃飯的工具。

老師必須持續替夢想加溫，否則就沒學生可教了。所以為人師表要求孩子追夢，這是職業系統上的宿命。

有些人可能會想，為何老師不用夢想以外的方法，鞭策年輕人做好眼前的事情呢？這番話確實有道理，但請先認清一個事實，日本的老師要處理的工作量實在太大了。

每一個行業的人，都應該用更有效率的方法提升生產性。然而，老師要負責科目指導、生活指導、社團指導等範圍。

只要媒體報導藝人吸毒的新聞，上級機關就會要求老師加強防毒宣導。網路上一有不好的消息傳出來，老師也要教導學生遵守上網規範。學生之間的霸凌問題和怪獸家長，也都要老師來處理。剩下的時間還得用來製作教材，連要好好吃一頓飯都有困難，教師這一行是越來越忙碌了。

不但如此，老師還要指導學生的前程，替他們做好職業教育。老師負責的業務量還在持續增加，想必大家也看明白了。上級機關一有好事就要學校幫忙宣導，一有壞事就要學校幫忙糾正，任何事情都推給學校去做。老師的職責簡直到了無限大的地步，全國小學有將近三成老師的工作量達到過勞死標準，中學則有將近六成的比例（摘自《教師勤務實態調查》（二〇一六年）文部科學省）。

日本教育是建立在老師急公好義、犧牲奉獻的情操之上，這一點我們不可或忘。老師的工作量和工作種類與日俱增，根本沒心力去思考更好的方法。

再重申一次，我不是說老師不用負起夢想勒索的責任。不可否認的是，夢想勒索的病灶和教師這一行的職業宿命有關。

老師必須提供正確的意見，這意味著他們得依照某些標準下達評斷。評斷事物成了老師日常的工作，難免會對學生的夢想品頭論足。

不過，這種給學生打分數的行為，也會刺激學生的自我防衛本能。尤其夢想是當事人最看重的東西，沒有人喜歡自己的夢想被人否定。

更何況，年輕人未來從事的職業，不一定是教師這一類的專業職缺。嚴格來講，大部分學生畢業後進入的是特定公司，而不是特定職業。光是大學畢業生的求職網站上，就有成千上萬的企業，要從中挑選一家企業效命也不容易。因此，你問年輕人到底想做什麼，他們真的回答不出來。

如果老師也有摸索前程的經驗，或許還能體會年輕人的煩惱。不幸的是，老師一畢業就當上教職，他們只看得到自己擠進窄門的經驗，很難體會年輕人的煩惱。

現在不少年輕人都會參加實習，應該也開放老師參加才對，這有助於拓展老師的視野。可惜老師的業務量太大，要他們參加實習未免不切實際。於是老師出於好意，要求年輕人去做自己喜歡的事情。明明大多數人只能進入特定公司效命，老師卻誤導年輕人去做自己喜歡的職業。

這一些不好的影響確實存在，但要深入剖析夢想勒索的成因，得先弄清楚加害者有沒有為惡的意圖。如有為惡的意圖，那麼抓出犯人究責有助於解決問題。可是，夢想勒索最麻煩的地方在於，那些荼毒年輕人的老師和家長沒有惡意。他們甚至秉持善意，把夢想當成一大利器來用。

反正拿夢想來說嘴，比較容易提供年輕人意見，又沒有歧視之嫌。除了夢想以外再也找不到這麼好用的工具了，也難怪大家會說「有夢最美」。

老師和家長都沒有惡意，他們會拿夢想來荼毒年輕人，主要是夢想很適合用來鞭策年輕人努力。再加上前面提到教師這一行的職業宿命，就形成夢想勒索了。

的確，夢想是一種好用的利器，大人趨之若鶩。但純粹拿夢想來鞭策年輕人，會讓這麼多年輕人感到痛苦嗎？

大多數老師和家長誤用夢想這項工具，這本身是很不可思議的現象。在沒有惡意的情況下成為加害者，難道只是偶然嗎？

同樣的事情發生個一兩次，要說是偶然也未嘗不可。但現狀是很多年輕人被夢想壓得喘不過氣，要說這是有計畫的犯行一點也不奇怪。是不是有人在教唆老師和家長呢？

教唆老師的另一個元凶

老師和家長成為夢想勒索的加害者，背後真的有人教唆嗎？這種事真有可能辦到嗎？

有一段時間，日本舉國上下都在要求年輕人追夢。我在第一章也有講到，文部科學省和中央教育審議會（文部科學大臣的諮詢機構），還有教育再生實行會議（首相的諮詢機構）都有公開提到「夢想」的重要性。

這跟國家提出的「職涯教育」計畫大有關聯，職涯教育是以夢想為主軸的教育計畫。職涯這個詞彙有各式各樣的定義，但基本上是跟人生有關的概念。因此，「職涯教育」就是人生教育，為何國家要提出如此冠冕堂皇的教育計畫，教導大家如何生活呢？

一九九九年中央教育審議會的答詢上，第一次出現「職涯教育」這個詞彙。當年飛特族（編注：freeter，工時短，不需要專業技能的打工族）有增加的趨勢，高中畢業後繭居在家的人也越來越多，踏入職場的新鮮人也撐不久，平均三年就有三成的新鮮人離職（摘自《如何改善初等、中等教育和高等教育銜接問題（答詢）》中央教育審議會一九九九年）。

換句話說，年輕人的就業狀況不樂觀，政府才推動「職涯教育」。後來，內閣府、經濟產業省、厚生勞動省、文部科學省這四大省府，在二〇〇三年訂立《年輕人自立自強挑戰方案》，文部科學省推出了「職涯教育綜合計畫」。

當中提到，學童從小學到成熟發展的各個階段，都需要推行職涯教育。二〇〇六年教育基本法修正，二〇〇七年學校教育法修正，從義務教育階段開始實施職涯教育，也終於有了法源依據。

政府舉全國之力推動職涯教育，各種職場研習營和實習風氣盛行，年輕人尋找自我、分析自我的行為也備受推崇。而職涯教育的意義在於，透過職涯教育讓孩子對未來抱有夢想和憧憬，了解學習的涵義（摘自《小學職涯教育導引》文部科學省發行）。

《年輕人自立自強挑戰方案》被內閣會議訂為國家計畫，所以職涯教育才會推廣到全國各級學校。政府認定年輕人的就業是一大社會問題，必須盡快設法解決。

國家推動職涯教育來解決年輕人的就業問題。然而，日本職涯設計學會副會長兒美川孝一郎先生，在他的作品《充滿夢想的社會可有希望》（ＫＫ暢銷出版）中卻有不一樣的看法。他說，這一項國家計畫的構想大錯特錯，只是把責任推卸到年輕人的頭上。

那些政治家和企業經營者，只用對他們有利的方式來「詮釋」問題。反正飛特族增加和就業率下滑，一定是年輕人缺乏幹勁的關係。因此，讓年輕人找到嚮往的職業和夢想，年輕人就會恢復工作的意願，就業問題也將迎刃而解。政治家和企業家「夢想」這一切會水到渠成。

這個說法乍看之下很有道理，似乎也很關心時下的年輕人，實際上卻是把問題怪到個人心態上的心理學手法。年輕人缺乏幹勁的問題，被簡化為年輕人自己本身有問題。

事實上，年輕人就業困難和飛特族增加，背後牽扯到各種複雜的因素。例如，在全球化趨勢和其他經濟條件變化下，企業方改變雇用策略，減少正職員工的雇用人數以求生存。政府和企業完全沒考量到社會環境變化，只會歸咎於年輕人缺乏幹勁。這不是年輕人有夢想就能解決的個人問題，而是整個社會的結構性問題。

然而，兒美川先生發現二〇〇〇年前後的社會輿論，多半都在責怪年輕人。年輕人就業狀況惡化，是年輕人的觀念和能力有問題。

本來「尼特族」這個字眼，是要喚醒社會大眾幫助那些對工作感到絕望的年輕人。諷刺的是，尼特一詞被當成歧視的標籤，也助長社會輿論攻擊年輕人。結果，「職涯教育」反倒被當成了救世主。

那麼，職涯教育具體來說有哪些內容呢？根據文部科學省的定義，所謂的職涯是指我們在履行各種義務的過程中，持續探索自己的義務有何價值，深入了解義務和個人的關聯。在社會中履行自己的義務，逐步實踐有個人特色的生活方式，「職涯教育」就是要敦促我們完成這樣的程序。

那「個人特色」的定義又是什麼？說穿了就是履行義務的活動。換句話說，人們透過工作和社會產生聯繫，不同的聯繫方式象徵著個人的生活方式（摘自《今後各級學校的職涯教育和職業教育的推廣方式（答詢）》中央教育審議會二〇一一年）。

簡單說，「職涯教育」就是提供各種聯繫社會的方式，讓年輕人找到自己的生存之道。這可是非常困難又吃力不討好的工作。

如此困難的工作要交給誰來做呢？想當然，不是那些政治家和企業經營者，而是在教育界工作的老師。

那好，老師又是怎麼實踐職涯教育的？某位高中生說，老師在討論前程的課堂上，都把夢想和嚮往的職業當成必備條件。這裡提到「討論前程的課堂」指的正是職涯教育。

老師採用的方法，不外乎讓學生在畢業文摘上寫下夢想，或是叫他們安排職涯規畫，連實踐的日程都要寫得一清二楚。因此，那位高中生以為，職涯教育就是在教育夢想，這並不是他誤解了，政府和學校確實是這樣設計的。

為了推廣職涯教育，二〇〇六年發行了《小學、中學、高中職涯教育推動指南》（文部科學省），當中就有明訂這樣的方向。指南中還有「培養職業觀、勞動觀的學習程序規範」，這一套規範由國立教育政策研究所的學生指導研究中心製成。

製作規範的用意，是要歸納年輕人在成長過程中，有哪些必要的能力和態度，並以有系統的方式培育那些能力和態度。其中一項必要能力就是「未來規畫能力」，意思是要年輕人擁抱夢想和希望，思考自己未來的人生，同時顧及社會的現實層面，積極安排自己的未來。說到底，還是在仰賴夢想。

那一部指南的副標題是「培育每一位學童的勞動觀和職業觀」，這表示政府機關認為時下年輕人的「勞動觀和職業觀」是有問題的。指南一方面說要重視「個人的勞動觀和職業觀」，一方面又提出共通的「理想條件」。讓年輕人產生積極的態度，努力追求將來的夢想和目標，就是一種理想的基本條件。講到這裡，又是依賴「夢想」的手段。

政府訂出了理想的勞動觀和職業觀，還把夢想當成合格的基準線。

總計七十六頁的指南書，包含上述提到的部分，總共有三十二個地方提到「夢想」這個字眼，平均每讀兩頁半就會碰到一個「夢想」。顯然，「夢想」是職涯教育不可或缺的重要骨幹。

這也難怪，四大省府訂立的《年輕人自立自強挑戰方案》中，對理想社會的定義如下。所謂的理想社會，就是充滿夢想的社會；年輕人會主動精進自我，勇於面對挑戰，有機會在社會上發光發熱。中央政府、地方政府、教育界、產業界聯手打造夢想社會，職涯教育就是這項計畫的支柱。剛才那位高中生說得沒錯，職涯教育的先決條件就是要擁有夢想。

大人嘴上說要重視多元性，卻又強迫推銷追夢的價值觀，這根本莫名其妙。以前有學校舉辦運動會，要求所有學生手牽手一起跑向終點，結果引來大眾批判。政府在某一段時間要求大家擁抱夢想，也是同樣的荒唐。

然而，老師不可能違抗國家制定的計畫，他們必須讓年輕人擁抱夢想，幫助年輕人實現有特色的生活方式。這些支援工作非一朝一夕可成，因為老師得從最初步的地方做起，激發年輕人的興趣和幹勁。

剛才提到的「未來規畫能力」中，還有所謂的「人生規畫」。這代表老師不只要指導各項學科、生活習慣、社團活動，連學生的人生都要扛下來。

只要實現這種理想的教育模式，就能激發年輕人的興趣和幹勁，成功賦予他們夢想。反過來說，辦不到就是老師不夠努力。這種「有心就辦得到」的精神論調，換個說法就是再難都要試看看，不試就辦不到。等於把責任轉嫁到老師的頭上。

老師不會拒絕扛下重擔，畢竟這個職業永遠標榜替孩子著想。老師甘願犧牲自己的睡眠時間，領著微薄的薪資拚命加班，來謀求孩子的福祉。政府說職涯教育是為孩子好，充滿奉獻精神的老師當然不會拒絕。尤其那是內閣決定的國家計畫，老師更加不可能拒絕。

看重成績乃教育的必要之惡，但有良心的老師都不希望這麼做。偏重夢想的教育理論總是比偏重成績要好，因此對有良心的老師來說，職涯教育是指導學生的嶄新手法（摘自《充滿夢想的社會可有希望》KK暢銷出版）。老師都有實現夢想的成功經驗，職涯教育又是以夢想為依歸的教育方法，老師實踐起來也特別有信心，這下就更沒有理由拒絕了。

事實上，這是一種很惡劣的手法。老師的夢想是替年輕人盡一份心力，政府卻利用老師的好意，要求他們去設計年輕人的人生，害成千上萬的老師忙到差點過勞死。

政府很清楚老師想替學生盡心，所以就拿老師的夢想當人質，這就好比拿錢打你耳光，還問你想不想要錢一樣。利用老師的夢想實現政治目的，這無疑是一種欺凌。老師們既是夢想勒索的加害者，也是受害者。

全國各小學、中學、高中有將近八千名老師，接受過成就感的相關調查。結果發現，對教育工作和教育制度的夢想，是決定老師成就感高低的最大因素，也就是老師是否有感受到夢想。另一方面，壓力的最大因素則是忙碌導致睡眠不足，以及工作過於繁重（摘自《教師成就感之觀念調查報告》社團法人國際經濟勞動研究所二〇一二年發行）。

同一份調查也提出警告，老師執教的熱情只剩下內在動機支撐。這段話的意思是，老師的成就感都被榨乾了，夢想雖然有內在動機支撐，卻也不是無所不能。不、真正的夢想因為有內在動機支撐，所以更容易被人利用。

我知道有些人會說，指導學生的人生本來就是老師的職責。這樣講也沒錯，我相信很多人都遇過那種好老師，老師自發性指引學生確實是好事，我也沒打算否認。

我想表達的是，為政者把人生當作可以教的東西，甚至認為人民應該接受指導，這樣的想法太過膚淺。而且為了達到目的，把追求夢想當作一種義務，也未免太過輕率。

有一份針對小學和中學老師做的問卷調查顯示，老師們對職涯教育和新世紀的教育改革抱持否定的態度（摘自《學歷與階級》朝日新聞出版）。

六百名老師中，有超過八成的老師認為教改對孩子沒有好處。另外，也有超過八成的老師認為，文部科學省和教育委員會不了解真正的教育問題。還有七成以上的老師表示，自己是不得已配合政府的改革方針。

從二〇一四年度開始，我有訪問各級學校的校長和前程輔導長，請他們發表對職涯教育的看法，也同樣得到批判性的答覆。職涯教育造成第一線執教人員極大的困擾，我們就來看看那些老師最真實的心聲：

「職涯教育只是想找到一個解決問題的出口，口號喊得很動聽罷了。」（縣立工業高中M校長）

「很多老師以為，職涯教育就是提供就業上的建議。」（縣立普通科高中Y校長）

「職涯教育只剩下指導就業的機能了。」（私立普通科高中Y副校長）

誠如那些校長的說法，職涯教育只是在替學生找出路。那麼，教職人員實際提供了哪些支援呢？

「叫業界人士來演講，已經是職涯教育的固定套路了，這樣做很輕鬆，我們也不太會自己思考命題。」（縣立工業高中S校長）

有的學校會用上各式各樣的方法，自己開發相關的教程，但不是所有學校都有足夠的人力和資金。因此，學校不得不依賴外部的業界人士，於是教職人員又有下列的感想：

「很多幹到大老闆的中老年人，講他們過去高中時代的往事，或是自己沒念書也成功的事蹟，這對高中生一點幫助也沒有。」（縣立普通科高中M校長）

「大多數成功者的演講，你聽完了只會覺得了不起而已，不會想要效法。因為你很清楚那種人的方法根本學不來。」（縣立普通科高中M校長）

到頭來，教職人員對職涯教育都沒有好印象：

「文科省當然講得很好聽啦，但我還是看不到職涯教育有什麼亮眼的地方。」（都立夜校普通科高中O校長）

「過去我們做職涯教育，只會指導學生繼續升學。」（縣立普通科高中M校長）

還有老師是這樣想的：

「成績不好不壞的中等學校，教起來特別輕鬆。那些學校的學生，不會提出尖銳的疑問或抱怨。換句話說，不做職涯教育或前程指導也不會怎樣。因此，要在那種學校辦好職涯教育反而最困難。」（縣立普通科高中O校長）

要按照政府的定義辦好職涯教育，就是如此困難的一件事。在第一線執教的老師，光要想出像樣的辦法就快忙瘋了，這才是職涯教育的真相。

兒美川先生在《職涯教育的謊言》（筑摩書房出版）一書中，形容職涯教育是淪落俗套的教育。

本來職涯教育有更廣泛的意義，年輕人需要綜合性的支援，找到自己嚮往的人生和生涯規畫。職涯問題和心理問題是一體兩面的，隨便辦一些講座或輔導計畫根本沒用。帶學生去企業參觀，弄個形式上的就業體驗，也算不上職涯教育。

然而，學校的職涯教育只偏重三大層面。第一個層面是「自我分析」，讓學生編排自己的個人履歷。第二個層面是「職業理解」，提供職場體驗和實習機會。第三個層面是「職涯計畫」，這是要學生編排未來的規畫。

為何社會上充斥著膚淺的職涯教育？首先要明白一點，職涯教育的創始人是席德尼・馬蘭德，而我們的政府曲解了席德尼・馬蘭德的思想。

美國是在一九七一年推行職涯教育，時任聯邦教育部首長的馬蘭德認為，專家學者總是看不起實用性的教育，但教育不實用有何意義？任何教育都不能和職涯教育脫鉤。日本吸收了這一番「正確的論述」，教育活動就變得短視近利了。

膚淺的職涯教育橫行還有另一個原因，那就是職涯教育有很龐大的商機。政府把這麼籠統的任務丟給學校，學校也不知道該怎麼處理，只好依賴外部業者。

既然這是一門外包生意，那就要看到速效的成果。到頭來，學生得到的支援只剩下就業建議和職業建議，就業率和知名企業的錄取率，便是最好的成果指標。教育機構淪落為就業預備中心。

職涯教育的意義本不該如此狹隘，無奈政府只重視速效的成果，各種急就章的膚淺政策就跟著出現了。甚至有人認為，反正職涯教育就是拿來解決年輕人就業問題的，有達到就業目的就好。

不過，現在轉行和從事副業的人越來越多，只輔導年輕人第一份工作並不足夠，做這一門生意的外包業者也很清楚。明知現在的做法有問題，這些業者還是給上面的人灌迷湯，讓他們以為年輕人有找到工作就好，這也太沒良心。

過去的勞工會在固定的公司幹到退休，這種標準的工作方式已不復見。居住、職業、結婚的抉擇成為每個人的課題，因此「職涯」才會受到重視。

居住、職業、結婚的抉擇，當然和工作脫不了關係。但人生的抉擇，不只侷限在這三個層面。

某間私立女子高中的副校長說過一則故事，算是從亡羊補牢的角度，來說明職涯教育真正的必要性。

某位二十八歲的畢業生回來參加校友會，她說大家書念得很高，但無助於解決人生上的各種難題。很多人結婚生子後辭掉工作，沒辭掉工作的人，也有家庭問題要煩惱。那位副校長聽到這段話以後，才明白職涯教育必須認真做。

那一間高中每年都有上百名學生，考進知名的大學就讀，他們的畢業生也是東大和京大的常客了。而且，還有兼顧學業和職涯教育，職涯教育也有採用ＰＤＣＡ循環等檢討方法。就連這樣的高中，也沒有真正落實職涯教育。

這也沒辦法，某縣立普通科的高中校長私下抱怨，老師的指導是有限度的，把所有任務丟給學校處理，這本身就是一種錯誤。學校耗費極大的心力，也只能推動「淪落俗套的職涯教育」。

政府推動教育改革，卻從未尊重第一線教職人員，老師們也累得半死。那麼，老師繼續推動教育改革的動力是什麼？他們只剩下「夢想」帶來的成就感，這是老師唯一的依靠了。也就是勉強靠內在動機苦苦支撐。

所以，老師才會秉持善意，要求年輕人好好珍視夢想。這一份心情沒有半點虛假，因為在殘酷的現實社會中，只有夢想不會背叛自己，這是他們透過自身經驗學到的道理。老師們實現了執教的夢想，明白夢想的箇中滋味。

老師沒有惡意。當然，家長把職涯教育的責任託付給老師，本身也沒有惡意。

政府要求學校實踐夢想的量產計畫，也不是出於惡意。年輕人的就業問題確實要解決，低落的勞動意願也得提升。政府只是認為，年輕人會為了自己的夢想努力。藝人和運動員公開宣傳夢想的重要性和可行性，也只能算是沒有惡意的幫兇。

大家都沒有惡意，沒有明確的戰犯也是夢想勒索惡質的原因之一。獵巫無助於解決夢想勒索的問題。

夢想勒索沒有單一的加害者，教唆犯設計了夢想量產計畫，下面的人無意間發揮了夢想的殺傷力，最後還有幫兇助長夢想勒索。沒有惡意的共犯，共同譜出了惡質的聯手犯行。這才是夢想勒索的本質。

夢想被當成職涯教育的基石，那麼政府成功量產夢想了嗎？

日本無法量產夢想

現在我們來看一下，教師粉身碎骨推動職涯教育，可有達到政府要求的成果？政府推動職涯教育最大的目的，是要解決年輕人的就業問題。可是，年輕的非正規勞工人數卻逐年增加。職涯教育從二〇〇三年開始推廣，二〇〇三年到二〇一八年間，十五歲到二十四歲的非正規勞工，從兩百五十九萬增加到兩百七十三萬，而這個數字還在持續增加。跟所有正規、非正規勞工相比，比例也從百分之四十五上升到百分之五十·二（摘自《勞動力調查》總務省統計局數據）。

這代表職涯教育的方向錯誤，效果十分微薄。不管怎麼說，光靠目前的職涯教育沒有解決年輕人的就業問題。

前面有提到，夢想是職涯教育的基石，那年輕人心中有成功培養出夢想嗎？很遺憾，結果同樣不盡理想。我在第二章也有說過，高中生漸漸失去職業上的夢想，並沒有順應職涯教育的趨勢。政府以為讓年輕人擁抱夢想，就會提升他們的工作意願，進而解決年輕人的就業問題。不料，舉全國之力實行的職涯教育計畫，連最初步的目的都沒達成。

嚴格講起來，職涯教育理論本來是用在社會人士身上的，用在沒有工作經驗的年輕人身上太過危險。這就好比吃藥必須遵守用量和用法一樣，使用理論也該更加嚴謹才對。

況且，拿夢想來當基礎也是日本自己搞出來的手法。職涯教育是美國發起的，美國人認為知識教育和職業教育脫鉤，是教育最大的缺失。不過，美國在一九七〇年代推出的「職涯教育模型」中，完全沒有提到「夢想」（摘自《中學生暨高中生前程輔導指南第十五集·重視體驗性和探索性學習的輔導方案》文部省發行）。美國是推動職涯教育的始祖，就連標榜美國夢的超級大國，也沒有用那種不切實際的方式來推廣教育。

日本經歷戰後復興和高度經濟成長，量產出高質量的商品而聞名全球，但量產夢想的計畫卻以失敗告終。那些文部科學省的菁英分子，也無法用科學來量化夢想。

這也無可厚非，夢想的本質就是不易實現。叫別人擁抱夢想，等於是叫對方去買不會中的樂透，困難是一定的。

把夢想限制在職業的框架中，也是失敗的一大主因。日本社會的主要就業結構，是加入特定的企業，而不是加入特定的職業。職涯教育卻只認同職業性的夢想，要求年輕人追尋嚮往的職業。

當然，這牽涉到許多複雜的因素，限定夢想比較容易提供建議，而且也跟教育這一行的職業宿命有關。可是，對年輕人來說，要在成千上萬種職業中找到特定的嚮往，這是非常困難的一件事。

大人要求年輕人找到嚮往的職業，偏偏這和現實的就業結構有落差，於是年輕人越來越搞不懂自己到底該做什麼。有百分之九十八．六的公立中學，都有舉辦職場體驗活動，另外有百分之八十四．八的公立高中有舉辦實習活動，結果卻依舊沒改善（摘自《二〇一七年度職場體驗暨實習實施結果（概要）》國立教育政策研究所數據）。

職涯教育沒有解決年輕人的就業問題，也沒有培育出他們的夢想。那為什麼夢想勒索的害處始終沒有顯現出來？

老師和家長都是出於善意，因此對勒索毫無自覺。會覺得自己受到侵害的，只有被夢想荼毒的年輕人。

不過，年輕人大部分的時間，都待在學校這個狹隘的群體中，直接點破老師和家長的一廂情願，純粹是魯莽又危險的賭注。

反抗需要莫大的勇氣，又可能被當成耳邊風，甚至引來誤解和批判，這也太划不來了。年輕人要點破大人的一廂情願，有很高的難度。與其冒險反抗，還不如乖乖吞下去，這是很合理的判斷。

反抗夢想勒索不划算，這話怎麼說呢？原因在於夢想的神聖性。

夢想本身是一種好東西，對所有人一視同仁，來者不拒。別人擁有夢想，並不會剝奪你擁有夢想的權利。夢想也不會排斥任何人，是一種很寬容的公共財。夢想帶給每一個人歡笑和希望，散發出明快正面的印象。

這種至高無上的寶物誰都想擁有，擁抱夢想不必花錢，又可以帶著到處宣傳。在你失落的時候還會幫你加油打氣，充當你心靈上的行動電源。

夢想幾乎有利無害，你找不到第二個這麼棒的東西。夢想是大家都願意點讚的萬人迷，也是讓你人生更加美好的夢幻產物，偉大的地位始終歷久不衰。夢想從未被當成壞人，穩居安全舒適的寶座。

夢想完全沒有一絲缺陷，是人人稱頌的超級巨星和炸子雞。

所以，大人才有恃無恐地要求年輕人追夢。其他的勒索基本上都只能偷偷來，像性騷擾或職權騷擾就是如此。多數加害者心生愧疚，不敢在光天化日下亂來。

可是，夢想勒索的情況不一樣。老師可以在課堂上要求你寫下夢想，還不帶一丁半點的愧疚感。毫無迷惘的善意，反而是夢想勒索最難搞的地方。

絕大多數人都信仰夢想，少數人跳出來反抗夢想也沒太大的作用，頂多是被眾人嘲笑或忽視罷了。

夢想之所以能常保神聖性，主要是鼓吹夢想的成員並不固定，永遠都有新的信徒一起加入鼓吹夢想的行列。

眾人毫無自覺地持續鼓吹夢想，因此也不用特地宣傳夢想的重要性。這不是在騙你買用不到的垃圾產品，也不是在做可疑的政治宣傳，而是體驗過夢想價值的人現身說法。替夢想打廣告的人不盡其數，夢想的可信度也就不斷膨脹了。

重視夢想的意識形態難以動搖，主要跟上面提到的原理有關，我們再來深入了解一下狀況吧。

如果宣揚夢想重要性的人，都是一些遙不可及的藝人或運動員，那麼夢想就會被當成少數人的傳說，不會受到廣泛的重視。但夢想最麻煩的地方是，你身邊的親朋好友也會跟著鼓吹夢想，這也包括學校的老師。

因為沒有人操縱他們鼓吹夢想，你也看不出有什麼陰謀詭計，就容易信以為真。鼓吹夢想的成員是不固定的，還會自發性擔任宣傳大使。這一批宣傳大使由非特定成員組成，但所有人都能用很動聽的詞彙，告訴你夢想有多重要。

更神奇的是，他們不是被利益或其他外在動機引誘，沒有收受任何廣告費或贊助費用。所有人都站在中立的角度，自發性地宣傳夢想。

因此，你也就不疑有他，相信夢想的重要性了。

宣傳夢想的大使前仆後繼、不斷增加。擁抱夢想不再是偉人的格言，每一個信奉夢想的新進教徒，都把夢想當成自己的座右銘。夢想被用到快爛了，卻不改其經典地位。

因此，你也不覺得夢想落伍，還以為夢想很重要。

也難怪大家都不認為夢想是一種勒索。一個宗教的教義要廣為流傳下去，創教者死後必須有無數的傳道師宣揚教義。把夢想奉為圭臬的「夢想教」，最大的特色就是永遠不乏傳道師。

有了這一套綿延不絕的機制，夢想就能常保影響力，不被時代淘汰。

不過，這也是夢想惡質的地方。政府不用花一毛錢就能宣傳夢想，可謂一計多用、妙用無窮。

不過，夢想不是輕輕鬆鬆就能掌握的東西。除了少部分人以外，大多數人很難找到「現階段難以實現的願望」。即使你相信夢想的重要性，還當成常識深信不疑，你也要花很大的心力才找得到自己的夢想。

政府要按照計畫量產夢想，就得用科學化的方式量化一套造夢機制。問題是，把量產夢想的計畫交給不受控管的傳道師，根本不可能有計畫地量產夢想。

當然，這是相關政府機構推動的國家計畫，政府也有思考解決對策，其中一個對策就是安排職涯顧問。

內閣總理大臣號召的教育改革國民會議，在二〇〇〇年提出了一項建言，內容是在各中學、高中、大專院校，積極安插專業人士（職涯顧問），培養學生的職業觀和勞動觀（摘自《教育改革國民會議報告》教育改革國民會議）。

政府認為理想的職業觀和勞動觀，建立在「夢想」的基礎線上。然而，學校的教育系統有冷卻夢想的功能，夢想會自行萎縮。這時候，就輪到職涯顧問上陣了。

這些職涯專家有各式各樣的稱呼，光是國家培育的合格師資就超過八萬人。厚生勞動省預計在二〇二四年底以前，達到十萬人的標準（摘自《職涯顧問養成計畫》厚生勞動省）。意思是要用兩座東京巨蛋，才有辦法容納這些專家。

有這麼多人關照別人的職涯，說來也是很奇怪的現象。而滿大街的專家，也沒法讓年輕人擁抱夢想。

這又是為何呢？職涯顧問說穿了也就是一份工作，同樣看重績效，好比前面提到的就業率和錄取企業的知名度等等。

年輕人真的跑去找專家商量夢想，專家也會用巧妙的話術，摧毀夢想的幼苗。最常見的方法就是質疑年輕人的夢想，或是勸他們乖乖到企業上班。畢竟潑別人冷水，比啟發別人的夢想要容易多了。

不消說，專家也沒有惡意，各級學校的專家反而是為學生著想，才提供親切的建議。但這也是夢想勒索惡質的地方，礙於立場他們無法公開支持學生個人的夢想，這也讓許多職涯顧問感到懊惱。

那好，日本的職涯教育到底量產出什麼？大致上量產出兩種年輕人。

首先是夢想勒索的被害者，亦即等待型、趕鴨子上架型、捏造型的年輕人。大人鼓勵他們踏上不切實際的自我探究之旅，又要求他們擁抱夢想。表面上年輕人擁有夢想自主權，但夢想的好球帶早就定下來了。大人提出的要求模糊又不具體，年輕人找到夢想，也不會腳踏實地去實現夢想。

另一方面，日本也有腳踏實地的年輕人。大人們整天鼓吹夢想的重要性，但這些年輕人是少數不受迫害的特權階級。他們懶得理會虛無飄渺的夢想，注意力都放在其他事情上，專心念書是他們的強項。

在夢想勒索盛行的社會中，只有資優生不受夢想問題的侵擾。誠如前述，政府推動職涯教育的用意，是要解決年輕人的就業問題。所以，資優生不會被強行推銷夢想。

職涯教育說穿了，不外乎拿夢想來提升年輕人的勞動意願。大人以為資優生勤學用功，肯定也有極高的勞動意願，也就不強迫他們擁抱夢想。

學術研究也證實了這個現象。被歸類為上級學校的高中，會鼓勵畢業生繼續深造，追求更好的前程；相對地，鼓勵畢業生按照自己的興趣和夢想來決定前程，則會被歸類為中下級學校（摘自《追夢的功與過》東信堂出版）。

問題是，擅長念書的資優生也不是毫無缺陷。套一句社會學家竹內洋的說法，日本社會量產出了一堆政治遊戲的高手，但他們絲毫沒有願景（摘自《日本的菁英政治》東京大學出版會出版）。

何以日本會量產出毫無願景的考試機器呢？竹內教授表示，日本奉行的是競賽式的人生觀念，不斷舉行優勝劣敗的淘汰賽，好比考試、求職、升遷都是如此。

突破眼前的選拔變成唯一的目標，久而久之就喪失了長遠的企圖心，這就是日本的實力主義社會。

在競爭中失敗的人，面對下一次競爭會更加不利。這樣的恐懼感，迫使莘莘學子不斷參與競爭。

在自由化、風險化的日本社會中，人人都嚮往平等的機會，因此大家非競爭不可，根本沒有選擇的權利。

把心力耗費在眼前的競爭上，就沒時間思考長遠的夢想。滿腦子都是考試和競賽，再也沒有夢想存在的餘地。所有的時間、金錢、腦力，都用來思考獲勝的方法。這就是競賽式人生的典型生存之道。

所以我在第一章也說過，不少東大學生也缺乏夢想，東大正是日本資優生的集散地。老師要求學生擁抱夢想，真正的用意是要學生做好眼前的事情，資優生並不需要夢想。他們本來就是全力參加競爭的「好孩子」。

就讀升學名校的高中生，也有類似的感言：

「我過去認真念書，純粹是高學歷對就業比較有利。」

「我的高中生涯都在準備考試，沒有什麼確切的夢想或目標。」

「我以為去名校就讀，掌握高超的技能就夠了。」

「我以前認為，有能力就不會吃苦了。」

資優生雖然不是職涯教育的對象，但老師是否真的對他們很放心、很欣慰呢？其實沒有這回事。至少在學校任教的老師沒那麼樂觀：

「成績好的學生很了解教科書和參考書的內容，卻不了解自己。真正需要職涯教育的，反而是那些資優生。」（縣立普通科高中K校長）

「有一些資優生只會被動學習，等別人教他們東西，不懂得用頭腦思考問題，這稱不上真正的優秀。學校的資優生，未必等於社會的資優生。」（縣立普通科高中M校長）

「未來有機會成為領導人才的人，應該有專門的職涯教育才對。而底下的追隨者，也該有適合他們的職涯教育。」（縣立普通科高中K校長）

「有的學生認為只要好好念書，老師和家長就不會有太多要求了。」（縣立綜合科高中A校長）

上面談到的，才是教育界真正的現狀。

解剖學家養老孟司身為東大名譽教授，曾在《傻瓜的壁壘》（新潮社出版）一書中提到東大書呆子的故事。有一次他擔任東大的口試官，請學生說明兩塊頭蓋骨的不同之處，某位學生沉思了一分鐘後，竟然只回答兩塊頭蓋骨大小不同。

養老教授對此非常失望，東大學生只知道紙上談兵，真正遇到問題說不出任何有見地的答案。不過，這還不是養老教授失望的主因。東大號稱名門學府，全日本學生都想擠進東大的窄門，結果素質卻這般低落，這才是他失望的真正理由。

資優生只擅長回答有正確答案的問題，面對沒有正確答案的問題，他們沒有自己創造解答的能力。解決問題和設定問題，是截然不同的能力。養老教授表示，現行教育制度評鑑學生的方法出了大問題。

這不是教育界獨有的看法，電子商務公司 DeNA 創辦人南場智子也批評，戰後的日本教育量產了一堆不會犯錯的高手（摘自《DeNA 南場女士為何關心教育》東洋經濟 ONLINE 二〇一五年三月二十三日）。同時她也警告，只會在面試上發表模範問答的資優生，根本派不上用場（摘自二〇一五年大學改革研討會「創業與大學教育」演講）。顯然，產業界和教育界有同樣的危機意識。

追求夢想，就是在替自己設定一個議題，而且還是人生最重大的議題。我們必須決定要在哪些議題上花費時間，但很多資優生不擅長做這種判斷。資優生解決得了課業上的難題，卻不見得有能力設立人生議題。

資優生暫時迴避了夢想的問題，但之後參加就業活動，還是得重新面對這道難關。面試官可能會問他們夢想，或是以後想做什麼樣的工作。

可是，就算他們說出了自己的夢想，也難保不會被面試官潑冷水。有的面試官會酸溜溜地說，名校生的夢想太過遠大，自家企業小廟容不了大佛；或是嫌棄名校生好高騖遠，一進公司就想挑工作。這些天之驕子從不了解社會險惡，想必會感到很訝異吧。

資優生只是暫時躲避了設定夢想的煩擾，嚴格來講算是免除型的年輕人。一般年輕人躲不過夢想勒索的摧殘，得天獨厚的資優生沒被大人攔下來騷擾，但也沒有真正解決未來會碰到的夢想問題。

有人認為資優生更應該擁抱夢想，憑一己之力貢獻社會，帶動社會進步。在

《超級名校畢業生》（筑摩書房出版）一書中，有提到名校生的各項缺陷，而這些說法也都有調查佐證。就連名校的畢業生都跳出來說，他們多數人只是短視近利的菁英。

上述這位名校畢業生，大概是在感嘆同儕毫無遠大的志向，只顧追求自我滿足，不懂得貢獻社會吧。短視近利的菁英獨善其身，深信成功都是自己的功勞，這種自戀的傾向又稱為「獨善其身的認知偏誤」。

身為東大名譽教授的社會學家上野千鶴子，在二〇一九年的東大入學典禮上，也有提到類似的認知偏誤問題。她告訴那些新生，努力就能獲得回報，那並不是自己的功勞，而是大環境有提供機會的關係。因此，資優生應該用知識拯救弱者，絕非反其道而行。

沒有遇過夢想勒索的資優生，多半是在沒有夢想的情況下，一路突破各式各樣的競爭。所以他們只好相信，成功都是自己的功勞。旁人的助力和各種幸運造就了他們的機會，他們卻誤以為那是自己創造出來的。

然而，整個社會對資優生的要求也太過嚴格。動不動就要他們感謝大環境，為社會做出貢獻，還不准他們追求個人的功業。

福澤諭吉也說過，只在意自己前途的人，不可能鍛鍊出真才實學（摘自《福翁自傳》岩波書店出版）。福澤諭吉講的學問，不是用來滿足私欲的手段。

不過，那些資優生專注於課業，不但躲過了夢想勒索，甚至還得到極高的評價。

你叫他們擁有遠大的志向和夢想，否則就是一無是處的廢人，這樣的說法也太沉重了。按照竹內教授的說法，資優生是「競賽人生觀」的完美體現者，一向受到大人的重視。大人沒叫他們追夢，這也不是他們的錯。你的批評，只會讓他們感到莫名其妙。

得天獨厚的孩子被養成了讀書機器，其實也是被害者。

大人用夢想勒索強迫年輕人擁抱夢想，副作用就是養出一大堆讀書機器。已經有年輕人注意到這一點了。現在的日本教育太冷酷，只想培育出制式化的學生。上面這一段話可不是大人的評論，而是某位高中生敏銳的真知灼見。

年輕人的性格被夢想勒索扭曲，除了製造大量的被害者，也間接量產呆版的讀書機器。被害者和資優生，其實是夢想勒索下一體兩面的存在。

有年輕人跟我說，他就是大人口中的資優生，大人叫他做什麼，他就乖乖照做。結果長大成人後，資方卻要求他有自主性，讓他一直無所適從。

等待型和趕鴨子上架型的年輕人，被大人調教成沒有夢想就無法行動的人，深受夢想的荼毒。捏造型的年輕人，則把心力用來搪塞大人。除了這些直接被害者，暫時免除夢想勒索的資優生也是間接被害者。

在自由化、風險化的社會中，「夢想」曾是眾人的希望。量產夢想的計畫，目前看來非但沒有成功，傷害還比預期的更大。讓每一個人朝夢想邁進的目標，無疑是天方夜譚。

身為始作俑者的政府，想必也沒料到這種狀況吧。舉全國之力推行的夢想量產計畫，大多數竟以失敗告終，這儼然是一場豪賭。明知是豪賭還不肯停手，未免太過危險。

政府也開始注意到自己的失敗了。根據《各級學校學習指導綱要之改善暨必要策略（答詢）》（中央教育審議會二〇一六年）的說法，職涯教育的理念確實有推廣開來，但著眼點都放在未來的夢想上，忽略了「勞動」的現況，也沒有培養孩子必要的資質與能力。

不過，接下來提到的解決方案卻啟人疑竇。中央教育審議會的基本方針是，繼續實踐職涯教育，讓學校生活、社會生活、職業生活產生聯繫，避免學業和夢想脫鉤，藉此喚醒學生的學習意願。

以夢想為核心的職涯教育機能不全，結果解決方案竟然是繼續實踐下去，這到底是哪門子的想法？根本是將錯就錯。好像每一個時代的領導者，都以為貫徹始終才能解決問題。夢想勒索的教唆犯秉持善意，繼續堅信夢想。

於是乎，教職人員也只好徹底執行下去了。在這個自由的時代，沒有比這更不自由的荒唐事了。家長也把職涯教育交給老師處理，大人全都秉持善意，繼續堅信夢想。

老師也會為了年輕人粉身碎骨，直到超越過勞死的危險極限，最後不支倒地。老師同樣秉持善意，把內在動機當成自己的動力來源。

夢想勒索的執行者，還有助長夢想勒索的幫兇，以及在背後主導的教唆犯，大家都深信夢想是好東西，每個人都是好心做壞事的共犯。說是夢想的群聚感染也不為過。

請別誤會，我不是說有夢想是壞事。我只是想告訴各位，強迫所有人擁抱夢想是不切實際的空談。

二戰後的日本，信奉竹內教授說的「競賽式人生觀」，達成了復興和高度成長的奇蹟。但如此巧妙的機制，沒辦法用來量產夢想。

要讓所有人擁抱夢想，就得重新換一套方法。問題是，我們真的有必要強迫每個人擁抱夢想嗎？

中央教育審議會仍把追夢當成首要之務，完全沒想過人生還有其他過法，彷彿沒有夢想就會死一樣。

有的年輕人也以為，沒有夢想的人寸步難行，活著也沒意義，事實當真是如此嗎？

第四章

沒有夢想會死嗎？

暢銷書《夢象成真》沒有提到的事

前面我們分析過了，年輕人誤以為人生不能沒有夢想的原因。政府推行的職涯教育以夢想為基礎，但在量產夢想這一點上是徹底失敗了。表面上職涯教育有許多關懷年輕人的教程，到頭來卻是在強行灌輸年輕人夢想，而不是用循循善誘的方式引導年輕人追夢。至少，年輕人是這樣想的。

我們的教育讓年輕人戒慎恐懼，而不是躍躍欲試。難道，就沒有人可以適當地催化年輕人的夢想嗎？

既然學校的教育體系是夢想的冷卻裝置，那校外應該有催化夢想的存在。最具代表性的莫過於藝人和運動員，年輕人自行選擇的娛樂項目，也的確有催化夢想的效果。聽自己喜歡的歌手唱歌，可以帶給我們元氣；看自己喜歡的電影，也有鼓舞人心的作用。

在這些娛樂項目當中，《夢象成真》（飛鳥新社出版）用趣味手法描繪夢想，也成功催化了許多人的夢想。

書中的主角是一個普通上班族，嘗試用各種方法改變自我，可惜都只有三分鐘熱度。後來他邂逅了智慧的象神，象神開導過眾多偉人，這一次也用同樣的方式開導主角。象神賦予主角一連串的考驗，主角費盡千辛萬苦突破那些考驗，終於明白「貫徹始終」才是實現夢想的關鍵。

《夢象成真》光是書籍就賣了三百五十萬套，還改編成電視劇、舞台劇、動漫、電玩遊戲，影響力無遠弗屆。坊間充斥的自我啟發書籍，只有這一部具備強大的娛樂性，成功掀起一股社會浪潮。只有這一部作品用愉快幽默的方式，刺激人們去實踐夢想。

這一部著作在二〇〇七年出版，職涯教育則在二〇〇三年正式推動，兩者的時間點剛好吻合。職涯教育需要催化夢想的機能，誘使年輕人努力追夢；同時又需要冷卻夢想的機能，讓年輕人對現實妥協。畢竟，有了職業性的夢想，也不是每個人都能如願以償。

必須在某個時間點上，讓年輕人乖乖放棄夢想才行。可是，又不能破壞他們的就業意願和幹勁。冷卻和催化機能缺一不可，學校教育體系擅長冷卻，那麼催化就要交給校外來做。從影響力的角度來看，《夢象成真》這本著作，確實幫了職涯教育一把。

那好，受影響的年輕人有找到夢想嗎？前面也說過了，年輕人並沒有找到夢想。因為《夢象成真》有一件事沒講到。

顧名思義，這是一本教人如何實現夢想的書籍，擁有夢想是一大前提。也就是說每個人都擁有夢想，可能你的夢想暫時被埋沒了，但只要你努力不懈，夢想早晚有實現的一天。看了這本書，你會想要解放自己，再一次正視自己的夢想。

這本書有潛移默化的效果，讓你深信有夢想是很美好的事情。可是反過來說，書中沒談到沒夢想的人該如何過活。

這便是《夢象成真》沒講到的空白地帶。換句話說，沒夢想的人該怎麼過活，書中隻字未提。當然，那是教人實現夢想的書籍，沒講到也算情有可原。不在介紹範圍之內的議題，也沒有說明的義務。

不過，實際上日本社會在二〇〇七年以後，擁有夢想的人日漸萎縮。政府拚了老命，卻只量產出一堆被夢想折騰的年輕人，沒有成功賦予他們夢想。年輕人無聲的吶喊，似乎是在反問這個社會，除了追夢難道沒有其他生存方法嗎？

第二章有談到夢想的定義，夢想是指當事人無論如何都要實現的個人願望，只是現階段還無法實現。那麼，年輕人處在現代社會中，容易找到現階段難以實現的強烈願望嗎？

現代社會衣食無缺，年輕人從未體驗過缺憾，你要他們去追求一個非實現不可的夢想，是不是太過不合理？

有些年輕人表示，他們的生活已經過得不錯，不覺得有改變的必要。

為什麼他們非得被夢想折磨？過上沒有夢想的生活不行嗎？何苦一定要有夢想？

這跟夢想本身具備強大的吸引力有關，況且夢想早已普及化，周遭的人都在追求夢想，他們也不敢違逆潮流。這幾項錯綜複雜的要素都有影響。

還有一個大前提也至關重要，那就是夢想無法由其他人代行。沒有人可以替你決定要不要擁抱夢想，這是你必須自己解決的問題。

在你決定好之前都擺脫不了這夢魘，永遠等不到清醒的一天，這才是夢想勒索真正恐怖的地方。

年輕人想靠自己解決問題，結果就出現了前面提到的等待型、趕鴨子上架型、捏造型、免除型的年輕人。認知心理學有所謂的「認知失調」概念，也常用來輔導個人職涯。此一概念也能幫助我們了解，年輕人解決夢想問題時，經歷了何種心路歷程。下一章也會講到這個概念，請容我先說明一下。

認知失調的涵義是，當事人對矛盾的認知感到不自在。比方說，吸菸者喜歡抽菸，但他們也知道抽菸有害身體健康，內心的掙扎便由此而生。那麼，吸菸者該如何消除這種心態上的矛盾感受呢？

第一種方法是收集自己想看的訊息，改變自己對抽菸的認知。例如，不是每一個吸菸的人都會死於菸害，吸菸者中也有人長命百歲等等。這就是改變認知來消除認知失調，吸菸的行為並沒改變。

另一種方法不用改變認知，同樣能消除認知失調，答案是戒菸。也就是改變行動來消除認知失調。

換句話說，改變認知或行動都有消除認知失調的作用。人類就是靠這兩種方法，化解自己內心的種種矛盾。

回頭來看夢想勒索的被害者，到底經歷了怎樣的心路歷程。大人強迫年輕人擁抱夢想，年輕人明白夢想的重要性，卻又苦尋不著夢想。

等待型的年輕人改變認知，消除認知失調的痛苦，他們說服自己追夢是急不來的，只要慢慢等待就好。趕鴨子上架型的年輕人則是改變行動，隨便替自己找一個夢想。捏造型的年輕人也是改變認知，只不過他們不再重視大人的追夢要求，同時採取陽奉陰違的行動。這些都是治標不治本的方法，並非長久之計。

資優生壓根沒有認知失調的問題，因為他們暫時不用面對夢想勒索，也沒有亟欲消解的心理矛盾。

不過，資優生只是延後面對罷了，之後踏入職場，還是可能產生認知失調的問題。除非他們對夢想的態度很堅定，否則也會跟其他夢想勒索的被害者一樣，採用治標不治本的方式消除認知失調。

如今擁抱夢想已成為全民共識，年輕人只能用這些方法來保護自己。

除了追夢以外，難道我們不能有其他生活方式嗎？是不是一定要在某個時期，跟大家一起追求制式化的夢想，才能度過平安順遂的人生？

職涯教育重視計畫性和自主性，出社會才開始追尋夢想，是否會被當成缺乏計畫性和自主性的大人？

好的職涯意味著幸福的人生，幸福的人生又代表美好的旅程。有人喜歡按照計畫旅行，也有人喜歡隨意走馬看花。按照計畫當然是好事，隨意走馬看花也別有一番樂趣。旅遊和人生為何不能有多元選擇？

所謂的職涯，就是回顧你過往的足跡和歷程。單純的職涯固然美好，蜿蜒多變的職涯也自有其魅力。

我們的社會風氣極度排斥「漫無目的」的生活方式。只有無趣又符合計畫性的職涯倍受推崇，不得夾雜一絲遊興或雜質。我跟年輕人接觸，發現大人確實是這樣要求他們的。

反正行動前要先決定目的地，有了明確的理由和動機再踏出第一步，幾乎沒有例外。

提供就業資訊的相關企業，本該協助年輕人多元就業，結果行事也是千篇一律。那些企業常用的說法是，年輕人找不到嚮往的工作和夢想，主要是缺乏資訊的關係，有了足夠的資訊就找得到了。

企業炒作資訊不足的議題，把資訊當成解決問題的答案，誘導年輕人使用他們的網站。但他們完全沒提到，為什麼找工作一定要先有夢想？擁抱夢想踏入社會被當成了不可質疑的大前提，彷彿這樣做才符合大眾的利益和福祉。

企業表面上販賣資訊，但從結果來看，他們強迫年輕人過千篇一律的生活。這當真是資訊企業想做的生意嗎？如果是的話，那麼這些所謂的資訊企業，提供的資訊也太偏頗了。知識的確是一種力量，但無知能帶來勇氣也是不爭的事實。有些事情知道得太透澈，反而沒法放手去做。

俗話說瞎貓也能碰到死耗子，勇敢踏出第一步，才有被幸運之神眷顧的可能。因此，目的地、理由、動機都不是必需品。在嘗試之前要求一大堆，只是在扼殺當事人嘗試的勇氣。選擇越多不一定越幸福，這種過於天真的思維，不僅是在干預別人的生活方式，也是錯誤的成見。

人生的每一步都要有意義，意義說穿了就是價值，踏出沒有價值的一步是不被允許的。稍微繞一點遠路，靜候時機到來也不行。現代人隨便都能活到七老八十，我們卻強迫年輕人汲汲營營，這到底有什麼好處？逼得他們無力前行豈非得不償失？

能夠事先預測的價值，也不會是多了不起的價值。其實我們很難預測哪些經歷會在何時派上用場，沒有工作經驗的年輕人受到職涯教育的影響，過度思考工作的意義。既然沒有工作經驗，你是要他們理解什麼意義？

到頭來，我們得了一種不講究意義就會死的病。甚至教出一大堆唯利是圖的年輕人，害他們一定要先看到利益才肯行動。

也難怪年輕人會過於依賴夢想，沒有夢想就無法決定前程，連做事的幹勁也沒有。沒有夢想就難以行動，就好像沒有書桌就不肯念書的小孩一樣。

大人把夢想當成必需品，所以找不到夢想的年輕人，沒法義無反顧往前衝，這你也不能責怪他們。畢竟夢想這個先決要件沒有達到，沒幹勁也實屬無奈。

美國著名的《華爾街日報》（二〇〇八年五月），有一個專欄是介紹當代最有影響力的二十位商業思想家，亞洲唯一獲選的經營學家野忠郁次郎表示，日本企業有三大經營詬病，分別是過度分析、過度計畫、過度重視規章。這樣的說法，也能套用在人生經營上。

我們強迫年輕人分析自我，讓他們徹底計畫自己的人生，過上循規蹈矩的生活。年輕人還沒有工作經驗，我們就提出理想的人才條件，把他們調教成我們想要的人才。沒有乖乖照做的年輕人，就用同儕壓力逼迫他們就範。當然，這麼做的本意是希望他們做好準備，但凡事「過猶不及」。準備太多包袱，根本沒法踏出第一步。

當旁人都推崇夢想，承認自己沒有夢想需要莫大的勇氣。說不定就跟下定決心幹大事的感覺差不多。

不過，事實當真是如此嗎？願意為了達成目標而努力，的確是很強大的心理素質，但這也代表要有目標才有動力。我們不是為了達成特定目標才生下來的，每天過活也不是要迎合什麼目的。

努力追夢的生活方式固然美好，但沒有其他的生活方式，也稱不上多元的社會。

不是每個年輕人都有夢想，我們有好好輔導志向不同的年輕人嗎？還是只把夢想當成好用的工具，強迫每個年輕人都要追夢？大人越是賣力推銷夢想，沒有夢想的年輕人越容易被社會歧視和排斥。

某一位中學校長告訴我，職涯教育沒有照顧到沒夢想的孩子，偏偏沒夢想的孩子占了絕大多數。難道沒有夢想就活不下去嗎？

沒有夢想的生活方式

前面介紹了許多夢想勒索的被害者，但也有年輕人看不慣沒夢想的生活方式：

「先找到夢想，努力朝目標邁進的人才是贏家。」

「我從懂事以來就有夢想，真的不了解沒夢想的人在想什麼。」

「我將來有想做的事情，這對我來說很理所當然，沒有才叫奇怪。」

「夢想不是必需品，這句話是沒夢想的人愛用的藉口。我們做人應該嚴以律己，寬以待人才對。」

我也不想批評這些意見，每個人對夢想的態度本來就不一樣。為夢想而生的年輕人，也算是遵循大人的夢想量產計畫而活。

不過，萬般皆下品唯有夢想高的生活方式，是不是也太無趣了一點？有夢想的人就特別了不起嗎？有夢想才叫優秀，沒有夢想就低三下四嗎？

我在第一章也談過，豐功偉業和夢想是沒有直接關聯的。在《夢象成真》一書中，也有談到功成名就的偉人，那些偉人也不是一開始就有夢想。

一九一七年，松下幸之助在租來的小房子裡，跟妻子一起製造燈座，他從沒想過自己有朝一日會幹成大事。一開始從事那一份工作，只是要維持每天的生計，混口飯吃罷了（摘自《松下幸之助傳：培育夢想》（日本經濟新聞社出版）。

達爾文也不是一開始就想創出偉大的理論。生在醫生世家的達爾文，聽從父親的建議習醫濟世，無奈修習醫學實在太無趣，而且他根本不敢看手術過程。最後他放棄習醫之路，父親送他去劍橋大學，希望他研習神學當一個牧師。不料他喜歡科學更勝基督教教義，同樣沒照父親的方向走。

後來，達爾文登上調查船小獵犬號，小獵犬號的任務是去丈量南美的海岸線。他度過了五年的航海生活，前往加拉巴哥群島等地採集生物標本，這才研究出了進化論。

發明之王愛迪生更是和夢想無緣的人，他的父親看不起他，小學校長也嫌棄他愚蠢，他只念了三個月就輟學了。小小年紀就被迫自力更生，每天過著放浪的生活，還要忍受聽力障礙的不便。他從小就憑一己之力開拓自己的人生。

直到十九歲那一年，愛迪生才下定決心成為一個發明家。在此之前，他因為違規和失誤不斷被辭退，換了無數個工作。

他沒有閒錢去念書，也沒時間慢慢思考未來的夢想。當上發明家是他破釜沉舟的最後一條活路。

有些大人洋洋得意地談起愛迪生，說他是懷抱偉大夢想的人，卻絲毫沒有顧慮到他必須討生活的現實因素。這是無條件美化愛迪生的職涯，把美化過的故事信以為真。

由此可見，夢想不是功成名就的必要條件。的確，擁抱夢想未嘗不可，但沒有夢想不該受到歧視。沒有夢想就沒權利活下去嗎？不懂得尊重和包容其他生活方式，整個社會培養不出多元的人才。

我不是在鼓勵擺爛的生活方式，而是希望大家明白努力也有不同的形式。有人願意積極實踐夢想，也有人不執著於夢想。沒有夢想的人並非反社會，純粹是用不一樣的方式面對社會罷了。

那些擁抱夢想的高傲年輕人，我跟他們深入詳談後，發現他們也不敢百分之百肯定夢想是必需品。

「萬一失去夢想，過去做的一切就沒意義了，這一點令我感到不安。」

「沒有夢想我就不知道該學什麼，也不曉得該讀哪間大學。」

換句話說，有夢想的年輕人只是被大人毒害，過於依賴夢想而已。他們覺得夢想重要，不是出於堅定的信念或內在動機。

他們被教育成沒有夢想就無法行動的人，做任何事都要找到意義來當定心丸。這些年輕人在行動之前，一定要先確認行動的價值和意義，才願意放手去做。大人教他們用邏輯判斷一切，凡事不合邏輯的事物一概不信。

先找到夢想才能看清方向，這個觀念乍看之下很有道理，但也不是每一個夢想都可以比照辦理。好比消除社會貧困、建立美好家庭，這些難以提供標準建議的夢想，就很難找到明確的執行方向。

那麼，沒有夢想究竟該如何過活？在研究者的世界中，有一種發揮好奇心來創造成果的方法，稱為「好奇心驅動力」。另一個相反的方法叫「目標導向」，先定下理想的未來，用未來當作出發點，推算現在要做哪些事來達成目標。亦即用反向推算的方式，明確指出自己的目標。

個人職涯大多也就這兩種模式，一種是先決定好夢想，再來推算階段性的目標，以及該付出的努力，這又稱為「反向推算型」職涯。另一種是接受好奇心的指引，建立個人職涯，這又稱為「加成型」職涯。

吉卜力工作室打造出舉世聞名的日本動畫，導演宮崎駿和高畑勳固然功勳卓絕，但製作人鈴木敏夫的支援也功不可沒。鈴木敏夫在各大活動和廣播節目上，表示這世上有兩種類型的人。

一種是擁抱夢想和目標，並且努力實現的人。另一種是專心做好眼前的工作，逐步開拓未來的人。用吉卜力的作品來比喻的話，「心之谷」的主角月島雫夢想成為小說家，她就是一個為夢想努力的人。而「魔女宅急便」的主角奇奇，則是善用與生俱來的飛行能力，解決各種麻煩的情境。飛行能力剛好能用在送貨上，所以她才從事那項工作，她並沒有想要開大公司的夢想。這兩者就是反向推算型和加成型的人生。

多虧有鈴木製作人的輔助，吉卜力動畫才能奪下奧斯卡的殊榮。根據他本人的說法，他是屬於加成型的人。他小時候也苦無夢想，找不到想做的事情。不過，不是只有達成夢想才叫成功，他認為努力做好眼前的工作，也能開拓出康莊大道（摘自《禪與吉卜力》淡交社出版）。

除了這兩種生活方式以外，當然也還有其他的生活方式。至少，不是一定要努力追求事先決定好的夢想。跟我們活在同一個時代的成功人士，也算印證了這個道理。有人為了將來的夢想而活，也有人選擇活在當下。

有高中生天真地問我，是不是每一個大人都有夢想？事實上沒有這回事。我在第一章也有講到，全國二十歲以上的人半數沒有夢想。我認識的一位醫生朋友F，雖然從小就想當一個醫生，但他不認為那是夢想。

有人對中年男性的生活史做過詳細的調查，結果發現不是每個人都忠於夢想，也是有人度過沒有夢想的人生（摘自《生命週期心理學》講談社出版）。

沒有夢想不代表人生不幸，沒有夢想又過得很幸福的大有人在。根據統計，只有百分之八．二的人，可以從事小學時嚮往的工作；另外有百分之十五．一的人，可以從事中學時嚮往的工作。然而，有百分之八十四．二的人，認為自己的工作很有成就感。換句話說，實現不了職業上的夢想，依然有得到幸福的機會（《希望學》中央公論新社）。

近藤麻理惠女士是全球知名的整理顧問，她的其中一項整理祕訣是，沒有的東西就不要強求了，日子總是過得下去。勉強去追求沒有的東西，只會讓自己感到煩躁不安。不要想自己缺了什麼，直接行動就能解決大多數的問題，情況再糟都死不了。必要的時候找其他的替代方案，反而能輕鬆解決難題（摘自《怦然心動的人生整理魔法》太陽符號出版）。夢想也是同樣的道理，沒有就不要強求，日子總是過得下去。

也有人從合理性的角度，來研究沒有夢想的生活方式。專門研究生活方式和人生步調的職涯理論，是職涯教育的一大基礎。每個人都有自己的人生軌跡，職涯理論跟我們的關係十分密切。這項理論也贊同「沒有夢想的生活方式」。

職涯理論有提到兩種生活方式，一種是直取目標不繞遠路的「直進式職涯」，另一種是蜿蜒行進的「迂迴式職涯」（摘自《為上班族量身打造的職涯設計》PHP研究所出版）。換句話說，沒有夢想的生活方式並非離經叛道。

在美國推行「職業指導運動」的創始人法蘭克・帕森，號稱職涯諮詢之父。他也提出了特質因素理論，支持那些沒有夢想的人。

所謂的特質因素理論，是指個人的特性和環境因素，會產生適合性的問題。特質因素理論又稱為適合性理論，這項理論的說法是，沒有夢想的人也能找到適合自己的工作。也就是一個蘿蔔一個坑，適材適用的思維。

特質因素理論淵遠流長，早在二十世紀初期就被拿來活用了。各大人力銀行提供的適性調查服務，多半也是基於特質因素理論。

近年來也有不講究夢想的嶄新職涯理論，好比馬克・薩維卡司提出的「職涯建構理論」就是如此，他是新世紀職涯諮詢的翹楚。這個理論的說法是，在現代社會工作很難滿足薪資這一類的客觀條件，因此應該重視主觀的「工作意義」。

過去的職涯理論，主要探討個人和環境的契合度。但馬克認為，人類和環境不可能完全契合，要改變個人的主觀看法，才有可能達到一定的契合度。客觀的事實無法改變，但主觀的看法能夠改變。因此，職涯建構理論就是改變工作的看法，賦予不一樣的工作意義。

舉個例子，美國總統甘迺迪問過一名航太總署的清潔工，在航太總署從事什麼工作。清潔工回答，他也在協助人類登陸月球，這就是職涯建構理論的模範答覆。清潔工的薪水和工作內容並沒有改變，但改變看法就能提升幹勁，增進工作表現。也就是用不同的詮釋法，來提升個人的工作滿意度。

換句話說，職涯建構理論也不需要夢想。任何工作都有其意義和價值，你可以改變自己的看法，來體驗工作的意義和價值，不一定要依賴夢想。

為夢想而生的金恩牧師，在生前最後一場演說「The Drum Major Instinct」，發表了相當有趣的看法。金恩牧師說，當他的話語和音樂帶給其他人勇氣，引導他們踏向正途，他的人生就有了意義。實現夢想不是他的人生意義，而是在事後透過他人的觀點，來決定自己的人生意義。他的思維，也相當於職涯建構理論的論述。

我跟許多家長對談過，不少家長也是用刪去法決定自己的前途。也有人聽從大學教授的建議找工作，或是單純欣賞面試官的人品，才加入特定的公司。這些家長的職涯也和夢想沒關係，而且也沒有事先規畫。

不過，他們同樣覺得自己的工作很有成就感。當然，不同時代、不同世代的際遇也不盡相同，但不是每個人都懷著夢想踏入社會。有人按部就班推演自己的人生，也有人是逐步找到自己的歸宿，大人們也印證了這一點。

本來職涯理論應該幫助沒有夢想的年輕人，但那些提供職涯建議的專家，必須留下顯而易見的成果，所以只好濫用這一套理論了。

有些專家會用話術誘導年輕人，要他們找到嚮往的職業，發揮自身的特長。這等於是強迫年輕人生出一個夢想，讓他們去做一些表面上適合自己的工作。也有專家叫年輕人先定下夢想，有了夢想就能撐過眼前的艱苦試煉。年輕人都還沒有出社會，專家就要求他們找到人生的意義。這無疑是濫用職涯理論，完全不是為了年輕人著想，而是為自己的職涯著想。這種專家空有一身學識，卻沒資格指導年輕人。

粗製濫造的拼裝式夢想脆弱不堪，澆熄別人的夢想有罪的話，那麼煽動別人的夢想也同樣有罪。

有高中生告訴我，他認為人活著要有意義沒錯，但汲汲營營尋找意義，對自己的精神實在是一種折磨。

來談一談我個人的例子好了。我以前在找工作的時候，失去了最要好的朋友。那位朋友是自殺去世的。自殺的動機我到現在還不曉得，我們是生活在一起的好朋友，我卻沒聽說他有什麼煩惱。我在朋友最無助時幫不上忙，這也不禁讓我懷疑自己的存在意義。

可是，要不是發生了這件事，我也不會認真思考活著的意義。因為我親眼見證人類生命的脆弱，面對死亡讓我深刻體會到活著的感覺。

於是，好友的死亡帶給了我不同凡響的意義。儘管好友去世了，但失去好友的經驗長存我的心頭。

然而，這是從事後的觀點來詮釋偶然發生的事件，他本人大概也沒料到，我會在書中提起這件往事。他已經不在這個世上了，但我會不斷思考他活著的意義。一個人的職涯不會在死亡時中斷，這想必也是他始料未及的吧。

我不是在肯定自殺這件事，自殺乍看之下毫無意義可言，但意義總是在事情發生後才出現的。

職涯的意義不可能事先存在，大肆宣揚夢想的必要性，讓人以為意義比行動更重要，這本身是有問題的。至少，很多年輕人跟我抱怨，他們對此感到疲憊不已。我們過度要求年輕人追夢，大人動不動就叫他們多動腦思考，但他們就是找不到適合自己的夢想，偏偏大人又沒提供更多元的選擇。

年輕人感嘆，學校和大環境都推崇「反向推算型」的思維，最後他們乾脆放棄治療。反正跟大人商量，也找不到好的答案。因為我們只會提供追夢的生活方式。

人生不一定要過上反向推算型的生活方式，還有加成型的方式可供選擇。我們可以教導年輕人分析、計畫、控管的技巧，引導他們作出正確的抉擇；但盡全力活在當下，不要讓自己事後留下遺憾，這也同樣重要。兩者都能獲得幸福，只是形式不一樣，對社會的貢獻方式不一樣罷了。我們應該告訴年輕人這個事實才對。

職涯教育的另一大目標，是活出個人的特色。不過，日本是沒有明確建國日期的國家，人民對此缺乏共識。日本不是基於願景或信念建國的，沒有夢想才算「日本的特色」。

史帝夫・賈伯斯等知名海外人士，在全球掀起了一股「ZEN」的熱潮，這一項觀念源自於日本的「禪」。禪的根本思想是清心寡欲，意思是做人要知足常樂，不要強求太多。夢想是資本主義的頂級欲望，嚴格來講並不適合日本這個國家。

不追悔過去，不煩憂未來，努力活好現在，這種禪的思想逐漸被世人接受，也代表日本的特色能夠行遍天下。現代社會每個人都活得很長壽，我們從小就忙著念書，深怕長大找不到好工作，長大以後又擔心年老窮苦。到底我們何時才願意活在「當下」？世人對忙碌的生活感到不滿，日本的思維或許提供了一個解決之道。

日文的「幸福」一詞，本來是指配合外在條件，找到自己的喜悅。換句話說，幸福的原意是和外在協調的被動式幸福，而不是追求夢想的主動式幸福。不主動強求才算是「日本人的特色」。

當然，這是日本還沒有自由化、風險化以前的觀念，現在時代變了。然而，日本人一向認為萬物皆有神靈。像吉卜力製作的「神隱少女」等動畫作品，深受世界各國人士的喜愛。日本有根深柢固的「泛靈信仰（animism）」，相信萬物都有心神魂識。泛靈一詞源於「anima」，意指生命和魂魄，也是「anime」一詞的由來。也難怪日本動畫的題材兼容並蓄、品質卓絕了。

整理專家近藤麻理惠女士提出的「極簡理論」，也是從萬物的精神面來判斷取捨，這樣的觀念也是奠定於日本的泛靈信仰。

近年來各界都在提倡多元和包容主義，事實上日本以前就是信奉多元的國家，日本一路走來不也充滿多樣性？大人灌輸年輕人夢想的重要性，讓他們以為沒有夢想就注定完蛋，這是在限制年輕人的生活方式，扼殺他們的個性。缺乏包容性的單調社會，除了量產一堆排他的人以外，又豈會有光明的未來呢？

我不是說每一種生活方式都是好的，但沒有夢想不該受到排斥。實際上，多數人沒有夢想也同樣活得很幸福，而這種生活也有理論上的佐證。直進式職涯和迂迴式職涯，缺了任何一種都顯得單調，多元才是真正的強項，不同的理論應該共存共榮。

生物學上也有類似的說法，行動單一的生物體系雖然有較高的效率，但長久下來難以適應未來的環境（摘自《螞蟻偷懶有其意義》媒體工廠出版）。

不同類型的人不一定要互相理解融合，保持不同的特色共存，反而能提升整個群體的生存能力。

所有人都汲汲營營追求夢想，這樣的社會太過脆弱了。保持多元的精神和特色，才能靈活應對環境的變化。

人生不是一定要按部就班追求夢想，沒有夢想的人生同樣有價值。人生這趟旅程不見得要帶著夢想前行，很多大人也是回首當年，才發現自己的經歷有與眾不同的意義，新的詮釋法帶給他們幸福的感覺。

可是，我們往往要到一定的年紀才會明白這道理。年輕人被迫追求夢想，還得事先找到人生的意義，他們活得太辛苦了。大人是不是能做些什麼，幫助他們擺脫夢想的束縛，實現沒有夢想的生活方式呢。

小小的成功體驗比夢想重要

沒有夢想的加成型人生，需要夢想以外的依據。那麼，該仰賴什麼依據才好？既然不仰賴夢想，那就要仰賴現在的自己，而非未來的自己。有明確的足跡供未來的自己反思，才能賦予人生不凡的意義。因此，大人應該幫助年輕人，讓他們成為一個值得自己依靠的人。

職涯理論當中還有自我效能感的概念。所謂的自我效能感，就是相信自己「只要有心就辦得到」的心態。

有趣的是，自我效能感未必會反映出真實的狀況。比方說，失敗的經驗會讓一個人產生過度的畏懼和不安。每個人都有過類似的體驗，但這種畏懼和不安不見得是事實，那純粹是一種感覺，說不定努力一試就會成功。

換句話說，人類重視感覺更勝事實。一件事能否成功要實際做了才知道，並沒有明確的佐證依據。但不客觀也有不客觀的用處，毫無根據的自信並非全無價值。因此，我們只要相信沒有夢想也能過得幸福就好。

自我效能感較高的人充滿自信，那什麼樣的人自我效能感較高呢？根據自我效能理論的說法，透過簡單的挑戰累積小小的成功經驗，比較容易獲得自我效能感，小小的成功經驗比遠大的夢想更有益處。

對年輕人寄予厚望確實很重要，但過度的期待不是好事。目標設定得太過困難，很難得到自我效能感。然而，大人卻要求年輕人去實現最困難的目標，也就是「夢想」。

夢想能否實現要到最後才會知道，而且大多數的夢想都以失敗告終。強求夢想是在剝奪年輕人獲得成功經驗的機會，也難怪夢想會變質成勒索。

目標訂得太困難無法獲得成功經驗，幹勁也就無以為繼。我去中國留學時，當地的大學教授告訴我一個很有趣的道理。

「日本留學生多半很認真，你們學外語都希望聽、說、讀、寫十全十美，認真的學習態度值得稱讚，可惜最後拿出來的成果只有五十分。反觀歐美留學生發音很糟糕，文法也用得亂七八糟，但他們沒有一開始就要求十全十美，而是只求八十分就好。最終他們拿出了六十分的成果。」

當然，不是每一個日本人和歐美人都這樣，那位教授說的是一種傾向罷了。目標訂得低不一定比較好，但太過龐大的願景也只是不切實際。

各位可能覺得，自我效能感跟自信是同一回事。可是，自信有分兩種，一是我剛才提到的自我效能感，也就是相信自己有心就辦得到。

另一種是「接受不完美的自己」，這又稱為自我肯定感。

我採訪過許多學校的老師，他們最常講的就是這個「自我肯定感」。幾乎每一位老師都希望學生有自我肯定感，還有校長表示，教育的最大目的是培育自我肯定感，自我肯定感是一切的出發點。

既然自我肯定感如此重要，年輕人有沒有自我肯定感呢？對此，教職人員一致感嘆，現在的小孩子自我肯定感不高。

內閣府的調查結果也顯示，日本年輕人的自我肯定感不高。其他國家的年輕人（韓國、美國、英國、德國、法國、瑞典的年輕人，調查年齡介於十三到二十九歲），有百分之七十以上對自己感到滿意，日本年輕人卻只有百分之四十五．八。認為自己有才幹的比例，也是日本最低。總之，凡事跟自我肯定感有關的問題，日本年輕人在所有項目都低於其他國家的平均值（摘自《二〇一四年版：兒童暨年輕人白皮書》內閣府）。

日本年輕人沒有養成足夠的自信，來接納最真實的自己。很多年輕人抱怨，家長完全不贊同他們的看法，只會強迫他們接受大人的觀念。

這就產生了一個大問題，自我肯定感不高的人，如何實現遠大又不切實際的夢想？連自信都沒有的人，根本不可能找到夢想，這是強人所難。

小林彩加小姐曾是吊車尾的小太妹，但她只用一年苦讀就考上慶應大學。她說自己唯一具備的優勢，就是母親從小灌輸給她的自我肯定感。母親一再告訴彩加，她一定會成為全世界最幸福的人（摘自一般社團法人日本自我肯定感推廣協會官網）。反過來說，彩加過去成績不盡理想，卻有高度的自我肯定感。

現在的年輕人不具備自我肯定感，要他們達到自我實現的目標，無異於緣木求魚。

老師和家長都希望年輕人有自我肯定感，同時又要求他們去追求夢想，偏偏夢想的成功機率非常低。因此，年輕人難以養成自信，而大人沒有注意到這種體制上的矛盾。

前面也說過，自我效能感其實就是自信，培養自信的關鍵在於累積小小的成功經驗。

相對地，自我肯定感則是相信自己的存在價值，接納最真實的自己。培養自我肯定感的關鍵在於，要有一個可以發揮存在感的舞台，舞台要主動爭取才行。在團體中累積小小成功體驗的人，就結果來看有較高的自我肯定感。

愛迪生創立了奇異公司，但真正壯大奇異公司的是傑克．威爾許。傑克．威爾許率領奇異公司將近二十年，奇異的股價翻了三十倍，號稱傳奇經營者。他認為人生不需要遠大的計畫和夢想，只需要逐步獲得小小的勝利。換句話說，一開始不要抱有過度的期待。

傑克．威爾許鼓勵大家累積自信，最初先設立容易達成的目標。成功會帶來愉悅，接下來再訂立大一點的目標，也就是一步一步建立自信。

不要一開始好大喜功，先盡力處理好眼前的小事，累積小小的成功經驗，這也是一種很棒的生活方式。前面提到的歐美留學生，就是用這一套方法學習的。

軟體開發領域也有類似的說法。開發計畫大致分為兩種，一種稱為「瀑布模式」，按照嚴謹的計畫按部就班進行開發，缺點是中途難以更動。另一種稱為「敏捷模式」，在短期內反覆進行實驗和修正，慢慢推展開發進程。敏捷模式有臨機應變的優點，比較好處理開發上的問題，要變更做法也更容易。

瀑布模式會盡可能規避失敗，但工程稍有延宕就會影響全盤進度，很有可能犯下嚴重的失誤。敏捷模式會經歷許多微小的失敗，但遇事靈活變通，反而不會有大問題。

前者只要按照計畫行事，就不必花太多腦筋思考。後者要隨時費心修正軌道，卻有靈活變通的優點。前者無事則已，一出事必然是致命傷，後者多半只有小傷。前者缺乏變通，後者通權達變。

在豐田和軟銀先後擔任開發要職的林要先生，認為敏捷模式有持續改進的優點，能適應個別的狀況，比較適合瞬息萬變的現代社會（摘自「以《使命》為核心的 GROOVE X 林要的職涯理論」WANTEDLY JOURNAL 二〇一七年十月十六日）。

同樣的道理也適用於個人職涯，敏捷型的重點在於不要求完美的規畫，而是在不完美的情況下勇於嘗試，持續累積小小的成功經驗。

那麼，大人可以提供哪些幫助？如何讓稚嫩的年輕人勇敢跨出那一步，持續累積小小的成功經驗，提升自我效能感和自我肯定感？大人該怎麼輔助他們？

其實反過來思考，不做任何事就是最好的輔助。

光出一張嘴鼓勵年輕人，要他們放手一搏別畏懼失敗，是沒辦法打動人心的。除了言教以外，還有身教的方法。大人以身作則勇於面對挑戰，就是最好的教材。

大人提供食、衣、住、行、育、樂上的輔助，誤以為給予是一種義務，是關愛的表現。大人教育小孩只懂得給予，我們都以為給予才稱得上教育。

不過，也有人用不給予的手法化育英才。例如常葉大學附屬菊川高中的棒球隊，教練幾乎都讓選手自行判斷，結果該校成功打進甲子園，表現也十分突出。都立兩國高中採用自主學習的授課方式，學生考上公立大學的比例，在東京都內名列前茅。

當然，這些例子不代表一切，但不必下達過度的指示，年輕人同樣有辦法發光發熱。法國哲學家盧梭提倡「消極教育」，瑞典思想家艾倫．凱深受其影響，她說教育最大的祕訣，就在於不要揠苗助長（摘自《兒童世紀》富山房出版）。上面提到的例子，就是這種觀念的最佳體現。這不是放牛吃草，完全不給年輕人協助，而是在一旁守候年輕人成長，不要過度干涉的教育。

用賞罰或威脅的方式強迫年輕人，他們感受不到學習樂趣，也培養不出思考能力，只會尋找正確答案，整天看大人臉色。

各位是否看重年輕人的自主性？還是寧可剝奪他們的自主性，教出一堆順從的乖乖牌？你要相信年輕人的潛力，還是乾脆控制他們？如何培育出勇於挑戰的年輕人，這是大人要克服的難題。

孩子會自行成長，年輕人不見得只會被動學習。跟朋友閒聊，看漫畫和電視都是他們學習的方法。這有一個專業術語叫「無意圖教育」，大人沒必要急著對年輕人施教。

按照規畫施教有可能造成反效果，尤其過度給予「評價」是很危險的事。太過在意評價的人會變得保守畏縮，也難怪年輕人習慣看人臉色，凡事都在追求正確的答案。他們把別人的評價看得比好奇心重要，沒有勇於嘗試的氣魄。

自我效能感和自我肯定感，都屬於自我評價而非旁人評價。對旁人的評價太敏感，就無法培養這兩種感覺。所以，我們需要「被討厭的勇氣」。

大人不該過度評價年輕人，這在心理諮商的範疇稱為「非評價」手法，跟填鴨式的教育方法完全相反，是著重引導的教育理念。

會議主持人又稱為引導者，好的主持人不會斷定別人發言的好壞。做出評價只會讓大家變得保守，不敢表達更多意見。引導者的職責在於循循善誘，活絡討論的氣氛，引導眾人想出更好的決策和方案。不是誘導到既定的正確答案，而是未知的正確答案。

所以，引導者必須鼓勵畏縮的人暢所欲言。這一點在家庭、學校、公司都是一樣的。

「非評價」並不是嶄新的概念，二戰名將山本五十六的人才培養理論中，就有提到給部下嘗試的重要性。不少教育界人士也很喜歡這一套概念，其實山本五十六講的就是非評價的重要性。

「要給部下嘗試的機會，再告訴他們該怎麼做，然後再給他們嘗試的機會，做得好就褒獎鼓勵。如此一來，部下才會心悅誠服。遇事要互相討論，仔細傾聽部下的意見，認同他們提出的方案，並且交給他們去處理。做到這一點，才培育得出真正的人才。上位者應該心懷感激，守望部下努力的姿態，對他們寄予厚望，否則永遠無法開花結果。」

這一段話當中，只講到「鼓勵」和「認同」這兩種評價。大人不要過度給予評價，溫和守護年輕人，讓他們勇於嘗試就好。

放手讓孩子外出闖蕩有幾個好處，一是透過外界的試煉幫助他們成長，二是免於過度評價的摧殘。外出闖蕩的重要性，就在於沒有惱人的評價。

沒有嘗試就不會有成功的經驗，年輕人敢於嘗試，就代表他們不必在意失敗。

愛迪生也沒有被失敗打垮，從小他就被父親和師長放棄，唯一支持他的只有母親。母親和小學校長大吵一架之後，決定獨立拉拔兒子成材。愛迪生的好奇心十分旺盛，母親就買了許多科學實驗書給他，讓他能在家自己做實驗。母親呵護愛迪生的實驗精神，沒有破壞他的好奇心。也許愛迪生的母親是個寵愛兒子的傻媽媽，但絕不是短視近利的笨蛋（摘自《寫給大人看的偉人傳》新潮社出版）。愛迪生的母親沒有積極施教，而是採取積極放任的態度。換句話說，母親溫柔守護兒子做實驗，沒有給予過度評價。

因此，學校教育無法達成的目標，愛迪生靠著生涯學習辦到了。

一般人都以為賞罰是唯一的教育方法，但那都是給予「評價」的方法，其實不給予也是一種教育手段。除了給予評價以外，還有其他不一樣的教育方法。

非評價不代表毫無作為，非評價是一種無償的愛，不論對方成功或失敗，都願意包容接納對方。當事人也能感受到關愛和無條件的認同，進而培育出自我肯定感。

就算不是愛迪生那樣的天才，普通年輕人在玩遊戲的時候，也有小小的成功經驗。玩遊戲不會被大人評價，也不用看別人的臉色，他們可以保有思考能力，不必追求正確解答。成功和失敗也不會影響到個人評價，還能一直試到成功為止，有助於提升自我效能感。

大人的情況也差不多，在學術研究領域或企業界當中，都要透過嘗試來獲得新的想法。不過，遇到短視近利的上司，部下會變得投鼠忌器。到頭來無法提升自我效能感，只敢提出一些平凡無奇的方案。

生活中充滿評價的壓力，人就不敢放膽去做嘗試。我們本該透過嘗試獲得成功經驗，但犯一點小錯就受指責，無法培育出多元的特性。如果這就是所謂的教育，那麼當今的教育純粹是在監視年輕人。沒有夢想的年輕人，也是社會上寶貴的一員。迫害沒有夢想的人，根本是百害而無一利。

大人該做的不是當一個批評家，而是不要給予評價。年輕人熱衷一件事的時候，很有可能是在做某些嘗試，這一點大人是看不透的。搞不好年輕人本身有認知失調，正在努力取得心靈上的平衡，大人無法從表象來判斷實情。

所以，默默守候就是最好的付出。不要給予評價，放手讓年輕人去做小小的挑戰。

沒有徵求大人的同意，主動去做某些嘗試，這對年輕人來說就是一種挑戰。如果你的小孩找到了有興趣一試的事物，請細心呵護他們的好奇心，不要隨便評斷那件事的好壞。

嶄新的想法有沒有價值，要實際試過才知道。凡事自己作主而不徵求許可，就是年輕人小小的挑戰。而大人的工作，是努力當一個寬宏大量的人，默默守護年輕人的挑戰。

學校的乖乖牌做事往往會尋求許可，按照既定的程序去做。不過，這樣的做法無異於轉嫁責任，萬一失敗了就可以怪罪下達許可的人。

容我不諱言地說一句，站在勇於嘗試的觀點來看，學校教育亟欲排除的不良學生，反而比學校量產出來的政治高手強多了。社會學家竹內洋說過，日本量產出一堆擅長政治遊戲的高手，但他們毫無願景可言。成績好的乖乖牌只會走在大人安排好的路上，不良學生每天都在嘗試不同的事物，更容易得到小小的成功經驗。

這些不良學生充滿自信，在大人面前不會畏首畏尾，主要就是他們有高度的自我效能感和自我肯定感。這也是本田宗一郎對「壞孩子」滿懷期待的理由（摘自《本田宗一郎傳：化夢想為力量》日本經濟新聞社出版），學校裡的人才不等於社會上的人才。

社會上的人才有自主思考和行動的能力，這種人勇於嘗試，會從失敗中吸取教訓，最後獲得成功經驗。敏捷型和加成型的年輕人，在詭譎多變的世道中有很高的適應力。

自我分析和規畫職涯固然是好方法，但不勇敢跨出第一步，再多的分析和計畫也無法化為成功經驗。換句話說，自我效能感和自我肯定感永遠無法提升。踏不出自信的步伐，日後回顧人生也找不到特殊的意義。

給予年輕人犯錯和成功的機會，就不必依賴夢想過活了。為此，他們需要一個不受評價汙染的舞台和遊樂場。

近年來，人們做任何事都會被指指點點，連在虛擬的網路空間也一樣。在這個充滿監視的社會中，沒有夢想的年輕人需要時間和空間，擺脫單調無趣的評價，這樣才可以培育出多樣化的能力。

前面說明了沒有夢想的生活方式，以及大人能提供的協助。自由化和風險化的社會不斷在改變，只會按部就班追夢的生活方式太脆弱了。

況且，夢想不是決定好就不能更改。職涯理論研究出的另一大概念是，夢想是可以修正的東西。

所謂的計畫性機緣理論，是指有計畫地邂逅良性的機緣。這一套理論贊成持續開拓個人的可能性，去追求理想中的職涯願景。持續付出行動，早晚會碰上良性的機緣。不要執著於一開始的願景，時刻修正方向也沒關係。

那麼，一開始該如何決定職涯願景呢？年輕人不解的是，就算夢想可以修正，但最初該怎麼找到夢想呢？沒有找到夢想是要如何修正？

大人只叫年輕人擁抱夢想，卻沒教導他們如何擁抱夢想。這也是《夢象成真》另一個沒談到的重點。

書中的主角做事情只有三分鐘熱度，但他有「一定要改變自己」的「夢想」。所以，他才會勇於嘗試智慧象神帶給他的難題。

可話說回來，他是如何擁有夢想的？我實際問過不少年輕人，他們根本沒有想要改變自己的欲望，也沒有所謂的夢想。俗話說得好，窮苦的小孩要的是金錢而不是同情。同理，沒有夢想的小孩要的是確切的夢想，而不是大人苦苦相逼。當你在宣揚夢想的可行性之前，不先教導年輕人如何擁抱夢想，他們也沒法跨出追夢的第一步。

追夢儼然成為整個社會的共同課題，但我花了不少的篇幅，說明追夢以外的生存之道，其實我並不是想排除夢想。有夢想和沒夢想的人可以共存共榮，夢想也該獲得尊重。

當然，如果可以幫年輕人找到夢想，我相信還是有不少大人希望年輕人追夢，其實這也是有方法可循的。

職涯理論有提到夢想產生的機制，既然本書的主題是談論夢想，那最後一章就來探討夢想的來源，讓大家重溫一下擁抱夢想的美好感覺。

第五章

如何擁抱夢想

不要看得太遠

有個高中生跟我說，真希望夢想從天上掉下來。遺憾的是，我們只能活用先天條件和現有的一切來過活，夢想不會從天而降。

難道就沒有人解析夢想生成的原理嗎？腦部科學和心理學已經有研究睡眠時的夢，但清醒時的夢如何生成，卻始終沒有共識。我們談的夢想是二十世紀以後的產物，屬於比較近代的概念。就連文部科學省也沒法用科學的手段，來量產夢想這樣的概念。

不過，夢想的生成並非全無提示，有一門論述叫「職涯定錨」，專門研究社會人士的職涯。心理學家艾德嘉．沙因曾在美國陸軍研究所任職，研究洗腦俘虜的手法。後來，他在商場上也進行同樣的研究，調查個人被組織同化的過程。

結果，艾德嘉發現了一個意外的事實，那就是個人不會完全被組織同化。個人會受到組織的影響，但有些特質不會完全喪失，那樣的特質就稱為「職涯定錨」。人生就像在茫茫大海中航行，艾德嘉把絕不會動搖的特質，比喻為「錨」。

職涯定錨具體來說由三大要素組成，分別是「有自覺的才華、能力」「有自覺的動機、需求」「有自覺的態度、價值觀」。前面這三大項都不離「自覺」，代表這三項特質並不是客觀的分析結果，而是主觀的自我印象。

那好，我們如何對職涯定錨產生自覺呢？艾德嘉提出了下列三大疑問，這三大疑問就是尋找個人職涯依據的出發點。

一、我到底擅長什麼？
二、我到底想做什麼？
三、做什麼事才會讓我感受到意義和價值？

商業界將這三大要素簡化，第一項簡化為CAN（我能做什麼），第二項簡化為WILL（我想做什麼），第三項簡化為MUST（我該做什麼）。首先去做「三」MUST（我該做什麼），增加了「一」CAN（我能做什麼），自然會產生「二」WILL（我想做什麼）。

艾德嘉的理論經過加工之後，或許跟原意有些許的出入。尤其第三項特質，在翻譯上是否正確也有待商榷，但頗具影響力的企業家和財經人士，都有活用這些朗朗上口的標語，在商業界打滾的讀者都有聽過才對。艾德嘉本人也深入研究這三項特質的關聯。

比方說，某個人剛好從事英文相關的工作（「三」MUST），英文能力逐漸提升（「一」CAN），於是就夢想到海外工作（「二」WILL）。這樣的例子各位應該不難想像，嘗試會提升個人能力，個人能力提升後，想做的事情就會變多，職涯定錨理論確實有一定的說服力。

現在各大企業的員工，人人都會秀幾句「MUST、CAN、WILL」，但這樣的標語並沒有一個確切的依據（摘自《職涯計畫的觀點：MUST、CAN、WILL的依據為何》法政大學官網）。

唯一可以肯定的是，這一套論述雖以艾德嘉的思想為依據，卻也不是他本人親口說出來的理論，算是一種超譯而非引用。而且，這一套理論的適用對象乃社會人士，再好的良方拿來用在年輕人身上，也得謹慎為宜。

當然，我們現在主要探討的是「夢想生成的原理」。真要探究夢想的來源，也不是非得遵循原典才行，而是要採用寬容的態度兼容並蓄，吸收一切有益的觀念。

事實上，也有年輕人體現了「MUST、CAN、WILL」的概念。某位高中生表示，他過去沒有夢想，但他做好自己該做的事情，也找到了嚮往的目標。

艾德嘉談到的第二大項「我到底想做什麼？」其實講的不是特定的職業，而是個人的根本需求。這些需求主要跟下列三大方向有關，第一是跟工作領域有關的需求，例如嚮往當某個領域的專家或通才。再來是跟工作態度有關的需求，好比追求挑戰或追求安定。最後則是跟工作方法有關的需求，比如想要自由決定工作的方式等等。

因此，若有一個小孩學騎自行車（MUST）→騎車技術慢慢變好（CAN）→長大後想成為職業選手（WILL），這嚴格來講算是誤用。

不過，這一套理論只適用於有工作經驗的人，沒有工作經驗的年輕人缺乏參考依據，自然找不到夢想。偏偏又沒有其他有效的研究論述，適合用在年輕人身上，因此用類比的思維來議論是有效的手法。

按照「MUST、CAN、WILL」的概念，不要看得太遠才是夢想生成的關鍵。

夢想是一種遙遠的目標，我們都習慣看得很遠。有些人會想像未來的自己，描繪出十年後的願景；也有人會調查目前社會上的職業，來安排職涯計畫，殊不知那些職業未來很可能消失。這些都是透過「高瞻遠矚」的方式，來接近自己的夢想。

可是，高瞻遠矚反而找不到夢想。當你在摸索夢想為何物時，就代表你不具備夢想，你不可能隨便就找到亟欲達成的願望。反過來想，要先看近處才能一窺夢想的輪廓，好好面對眼前的課題，充實自己的能力，就會找到想做的事情。

比方說，我們想不到要煮什麼菜色時，會先確認冰箱裡的東西，再跑去超市逛一趟。這等於用半強迫的方式，逼自己想出要煮的菜色。同樣的道理，想要達成目標的意志，的確跟心理問題有關，但要先有行動才能激發意志。換句話說，身體力行（MUST）才是催化夢想（WILL）的關鍵。

前面介紹的諸多偉人，一開始面對的也是生活中的小事，但那些小事對當事人來說是很迫切的問題，所以他們全力以赴去處理，事後才找到自己想解決的課題。這就是二宮金次郎提倡的「積小為大」之說，偉人沒有追求夢想，純粹是解決眼前的困境罷了。從這個角度來看，要說他們「短視」也未嘗不可。

「短視」聽起來給人不好的印象，但這是很合理的思維。假設有兩個人各自前進一步，一個看到前方百步之遙，另一個只看到前方十步的距離，後者比較能感受到成長的喜悅。當我們看得太過遙遠，就會覺得現在的自己太微不足道。

體育界重視的「心、技、體」概念，和夢想生成的原理十分相近。實際活動身體好好練習（MUST），技術逐漸提升（CAN），就可以使出想用的技巧（WILL）。成功當上職棒選手的年輕人，年少時要是沒碰過棒球，大概也不可能以職棒選手為目標。

會把職棒選手當成目標，肯定是家長有買棒球給小朋友玩，或是有帶小朋友參加棒球訓練營，也就是先有活動身體的經驗（MUST）。

教育改革實踐家藤原和博，曾在民間企業創辦各種新創事業，甚至是東京第一個當上中學校長的民間人士。他表示，沒有足夠的技術和實力，夢想不過是空談（摘自談話活動「藤原和博：論橫跨產官學三界的人才」產官學人才澀谷研究中心執行委員會二〇一六年二月二十二日）。

例如，大學生畢業前找工作，很流行做一些自我分析或自我探究，試圖深入了解自己。問題是，這只是用虛妄的想像力，撐起一個硬擠出來的夢想，根本不切實際。人要專注在自我以外的事物上，掌握高度的技術和實力以後，才找得到真正的夢想。日文有句話叫「無我夢中」，意思是熱衷一件事情到忘我的境界，你要先有這樣的熱忱才行。

就算你沒有特別想做的事情，只要慢慢強化自己的能力（CAN），就會找到想要達成的目標（WILL）。這就好比你學會騎自行車，就想買一台更好的自行車，跟朋友一起出遊遠行一樣。

所以，苦思不得目標的年輕人，可以先拓展自己的能力。找不到想做的事沒關係，先找到做事的方法就好。至於這個理論對錯與否，不必太計較。

依循「MUST、CAN、WILL」的步驟生成夢想，暫且稱為「階段型原理」。然而，生成夢想不是只有這個辦法。有時候，我們會邂逅很具衝擊性的夢想，亟欲去做某些事情。有些人可能沒有運動經驗，但看到電視上帥氣的運動選手，就會心生嚮往。

這種情況下，當事人的視覺和聽覺受到刺激，卻不具備運動的體能素質（MUST），也沒有運動員的技術（CAN）。這種一見鍾情式的夢想，暫且稱為「突發型原理」。

我認識一些沒有工作經驗的年輕人，也看過不少人有突發性的夢想。某位高中生跟著家人從東北搬到關東，東日本大地震發生後，她決心當一名護理師。

據說，二〇一一年三月十一日東日本發生大地震時，他們家也是受災戶，還一度前往學校的體育館避難。那位高中生看到護理師扶傷濟危，明明大家的日子都不好過，護理師依然發揮無私的大愛精神。當時災區瀰漫著愁雲慘霧的氣息，護理師的表情卻洋溢著助人為善的充實態度。而且，那些護理師純粹是做公益，沒有領任何薪水。

那一次危難帶給她很大的衝擊，她也希望成為一個急公好義的人。她在二〇一一年三月十日之前都沒有夢想，試問我們能責備她嗎？假設大人在震災發生前要求她追夢，而她在震災發生後也確實找到夢想，試問我們能額手稱慶，慶幸她因為災難找到夢想嗎？

那位高中生並非特例，二〇〇八年到二〇二〇年的新成人問卷調查中，二〇一二年是最多年輕人擁抱夢想的一年，比例高達百分之六十四．八，剛好是經歷東日本大地震的世代（摘自《新成人相關調查》MACROMILL 股份有限公司）。

當然，我的重點不是天災有啟發夢想的效果，但在絕望的狀況中，年輕人還是有努力向上的志氣。不是只有在美好的烏托邦中，才能找到夢想。

階段型是先做好該做的事情，之後以漸進的方式找到夢想。突發型則是透過強烈的個人體驗，繞過「MUST」和「CAN」的階段，直接找到夢想。這兩種類型，都不是用高瞻遠矚的方式找到夢想。與其浪費時間幻想遙遠的未來，不如努力活在當下，這樣找到夢想的機會還比較高，願望會在無形中產生。夢想不是找到的，而是悄悄在你心裡萌芽。

「萌芽」這兩個字可能給人一種溫吞的印象，但事實不然。你要非常熱衷一件事，熱衷到無暇分心的地步，連自己是何時熱衷的都分不清，而且熱衷到無法自拔。我跟那些擁有夢想的年輕人接觸，發現他們都有這種難以克制的狂熱。

這樣的現象跟初戀有點類似，我們常說一個人陷入熱戀，尤其初戀多半是不自覺發生，並非自己的意志所能掌控。沒有談過戀愛的經驗，卻擅自設定交往的條件，期望找到合乎條件的對象，這簡直是天方夜譚。通常是先認識生活中的某個對象，兩人一段時間相處下來，不自覺地喜歡上對方，事後才發現自己喜歡這樣的人，這就是階段型的初戀。階段型的初戀不是先決定對象，而是先熱衷於彼此互動。

也有相遇瞬間就愛上彼此的狀況，這算是突發型的初戀，亦即所謂的一見鍾情。

陷入熱戀的英文是「Fall in love」。戀人不會從天而降，是我們自己深陷情網而不自知。「Fall in」除了有墜落的意思外，還有熱衷之意。熱衷意味著難以自拔，當我們熱衷一件事情往往難以自拔，屬於成癮的狀態。不管是談戀愛或追求夢想，都有迷失自我的可能，熱衷就是這麼一回事。我們大人一直要求年輕人要有熱衷的對象。

夢想是不切實際的東西，但整天想著不切實際的計畫，是掌握不了夢想的。先正視眼前的現實，正視眼前的日常，過好生命中的每一天，你才會找到夢想。就算是突發型的夢想，也要先有行動才找得到。因此，非現實的夢想要在現實生活中追尋。

既然夢想是在無形中萌芽，這就代表夢想是行為所帶來的結果。你先熱衷某件事情，自然就會產生夢想。不是先想出空泛的夢想，而是要先有需求，正所謂「需要為發明之母」，就是這個意思。

本田宗一郎也是偉大的發明家，他形容發明是在迫切的困境中，被逼出來的智慧（摘自《本田宗一郎傳：化夢想為力量》日本經濟新聞社出版）。沒有哪個笨蛋是吃飽沒事幹才搞發明的，發明家都是遇到困難，才絞盡腦汁解決問題（摘自《定本／本田宗一郎傳》三樹書房出版）。

擁抱夢想的另一個說法，就是發明夢想。夢想不是有心就找得到的東西，而是在努力掙扎求生的過程中，悄悄在心中萌芽的願望。

因此，你無法買到夢想，就算你的夢想與他人相似，夢想也不是連鎖速食店那種制式化的菜色。夢想是特製的，每個人追求夢想的過程和價值都不一樣，本來就不適合量產。

那麼，我們大人是否只能乾瞪眼，等著年輕人的夢想自行萌芽呢？有沒有什麼方法，可以幫助年輕人化育夢想？

讓夢想落地生根

職涯理論很重視「積極的不確定性」，要在充滿不確定性的社會中生存，我們不該排斥不確定性。擁抱夢想，其實就是在享受不確定性（摘自《職涯心理學》中西屋出版）。

一般人普遍認為，活在這個動盪的時代中，需要某種堅定不移的信念，這樣的信念正是「夢想」。特質因素理論提倡把合適的人放在合適的位置，問題是，這個時代我們早已分不清自己適合待在什麼位置了。

一九九〇年代的時候，就有人把夢想當成開創未來的動力了。只不過，並沒有提到該如何創造夢想。提倡者只叫我們要擁抱夢想，剩下的一概不管。

於是，人們的職涯抉擇還是偏重在理性決策，也就是從能否實現的角度來作決策。例如看自己的成績適合讀哪間大學，或是看自己的學歷能投哪家企業的履歷。

大人要求年輕人擁抱夢想，但又嘲笑感性決策，而不易實現的夢想多半出於感性決策。就好比電影《墊底辣妹》那樣，她認真想考取慶應大學，旁人卻完全不當一回事。

群眾在做人生抉擇的時候，比較看重理性決策而非感性決策，安全的旅程比有勇無謀的冒險更受歡迎。事實上，夢想仍然有待開拓。

我引用了艾德嘉的理論，歸納出了突發型和階段型的原理。現在就來思考一下，大人可以個別提供哪些支援。

首先，大人幾乎無法支援突發型的夢想。前面有講到某位高中生在震災後，立志當護理師的故事，突發型的夢想源自於強烈的個人體驗。這種極具衝擊性的體驗無法刻意營造，我們不可能用實習經驗或職場研習營，來教年輕人描繪夢想。

大人唯一能做的，就是支援階段型的夢想。根據「MUST、CAN、WILL」的觀念，階段型的第一步是「MUST」。

很多專業的職涯顧問，在得知輔導對象沒有目標（WILL）以後，會問他們有沒有擅長的技能（CAN）。畢竟要在短期內拿出績效，也只能這樣問了。然而，「MUST」的經驗不夠，根本不會有「CAN」。

那些職涯顧問大概會說，處理「MUST」不在他們的工作範圍之內。那是大學的責任、高中的責任、家庭的責任。可是，職涯專家可以不負責任，年輕人卻不能放棄自己的職涯，從人生的賽道上退下來。要增加階段型的夢想發生的機率，就得提升「MUST」經驗。

提到「MUST」這個單字，各位可能以為這是指「不得不做的事情」。但艾德嘉的原意不太一樣。

請各位回想一下艾德嘉提出的三大問題。為了讓人們了解自己的職涯定錨，他提出的最後一個問題是：「做什麼事才會讓我感受到意義和價值？」基本上，別人命令我們去做的事，很難感受到意義和價值，唯有自己決定去做的事情，才能帶給我們那樣的感受。

因此，「ＭＵＳＴ」不是別人逼迫我們去做的事。從這個角度來看，動輒要求學生完成某些課題的學校教育，並不適合教導年輕人夢想。大部分的職場研習營或實習課程，也都是老師和家長半強迫年輕人參加的。

我請教那些有夢想的年輕人，他們的說法是，「ＭＵＳＴ」比較像非做不可的事情。二〇一五年拿下芥川獎的搞笑藝人又吉直樹，他之所以寫作不是要賺大錢，而是創作欲望讓他非寫作不可（摘自《日刊體育》二〇一九年十月十日）。

某位學生考上大學後，就夢想當一個美甲師。她每天都花好幾小時蒐集美甲資訊。去美甲沙龍接受服務，也只顧著研究專業美甲師的技術，後來還主動幫朋友美甲。因為她非常喜歡美甲，一有空就思考美甲的事情，克制不住想要美甲的衝動。她也是事後才發現自己對美甲的熱忱。

愛迪生被校長和父親放棄，也只剩下發明家這條路可走。對他來說，成為發明家是一條不得不走的路。

如果你希望年輕人擁抱夢想，就別妨礙他們的熱忱，不妨礙才是最大的關鍵。什麼樣的「MUST」會變成「WILL」，這一點連當事人都無法預測，夢想本來就是捉摸不定的東西。既然捉摸不定，你不可能篩選出必要的創造條件。大人唯一能做的，就是不要妨礙年輕人的好奇心。

不妨礙熱忱聽起來很簡單，但我們總是在無意間，妨礙年輕人的熱忱和好奇心。

比方說，我曾經放了一整年的育嬰假。我在帶小孩的時候，很常聽到其他父母禁止小朋友的某些言行。不管在公園裡、電車上，還是購物中心，父母永遠會提出一大堆禁令，連在家中也是如此。

被妨礙的不光是年幼的小朋友。學生要是在課堂上瘋狂提問，那麼文部科學省頒訂的教育課程大概也上不完，因此老師表面上尊重學生的好奇心，實則不希望他們問太多問題。本該為小孩服務的學校，反倒要求小孩乖乖配合。

大學生也有一樣的困境。有些親切的職涯專家和民間的求才企業，會幫應屆畢業生撰寫履歷。還有某些投機取巧的大學教授，會用學分吸引學生參加特定課程和活動，替自己的課程營造人氣極高的假象。這些作為都是在破壞學生的幹勁，到頭來我們大人給了學分，卻失去了信用。

親切不見得是為對方好，過度的幫助無異於虐待。出於善意的舉止，萬一妨礙到對方的成長，那反而是好心做壞事。

年輕人充滿動力，大人卻不斷阻礙他們嘗試。在這種情況下，只有兩種人能擁抱夢想，一種是優秀到超出大人的預期，另一種是根本不理會大人的要求，去做自己想做的事。無論是哪一種，都是有點「異於常人」的狂人。

然而，我們的社會沒有做好準備，來包容那些積極好動的異類，更沒有為他們準備一個活躍的舞台。我在第三章有提到社會學家竹內洋的概念，在信奉「競賽人生觀」的社會中，夢想只會淪落為泡影。有夢想的人搞不好還會被當成問題兒童或危險分子。

愛玩的小孩子、好奇的年輕學子、認真向學的大學生，他們都有某種難以壓抑的熱忱。無奈大人總是為了自己方便，摘除夢想的嫩芽。大人也不認為年輕人真的有前途，年輕人終究只是管理對象罷了。

哲學家約翰．杜威是很多教職人員師法的對象，他說這世界早就忘了替孩子著想，想必教職人員也都忘了這一句話吧。

衝動是孩子的動力來源，但循規蹈矩的成人世界並不樂見衝動，所以大人才會拚命下達各種禁令。

瑪麗亞．蒙特梭利醫生對這樣的現象存疑，她認為大人都在破壞小孩活動的熱忱，她自己也經歷過被壓抑的痛苦。小孩子需要一段時間和空間，躲避大人的禁令攻擊，以免衝動的幹勁遭受破壞。於是她創立了「兒童之家」，提供小孩子全新的生活環境（摘自《蒙特梭利的教育》羅漢柏書房出版）。

比方說，小孩子要洗手的話，那就要準備符合小孩身高的洗手台。小孩子用的教材和玩具不能拿大人的來用，應該要準備小孩子專用的才對，這樣才不會妨礙到他們的衝動幹勁，這就是兒童之家的基本方針。

接受過這一套教育方針的，有經營學家彼得．杜拉克、美國總統歐巴馬，還有微軟、維基百科、谷歌、亞馬遜、臉書等新創企業的創辦人，以及十四歲就當上職業棋手的藤井聰太先生。

這些接受過蒙特梭利教育的人，擁有極為強大的專注力和想像力，這跟不妨礙衝動的教育方式大有關係。

當然，他們跟一般人不太一樣。不過，他們並沒有打破社會規範，純粹是在規範中打破常識罷了。

福澤諭吉和蒙特梭利醫生生活在同一個年代，他說家長應該教導孩子獨立，師長也該教導學生獨立；與其束縛年輕人，不如放膽讓他們感受人生的甘苦（摘自《為學建言》岩波書店出版）。福澤諭吉也談到了不干預的重要性，保護而不干預，才是大人該做的事。

重點是不能破壞年輕人的好奇心。大人要了解他們的熱忱，不要造成妨礙。這是我們唯一能做的支援，也是年輕人非常需要的支援。年輕人要的是幫助他們發展，而不是妨礙他們發展。

很多人都感嘆，自己的小孩、學生、部下毫無夢想。不過，大部分的年輕人都有自己熱衷的事物。

熱忱就像一種癮頭。對一件事情死心塌地，雖然是不太自由的生活方式，但當事人的熱忱不會受到這點小事影響。真正的熱忱有著不顧一切的衝勁，不會害怕失去其他的可能性。這就是所謂的癮頭了。

請各位仔細觀察一下，有沒有什麼事情，會讓年輕人不由自主沉迷其中，彷彿著魔一樣難以自拔？有沒有什麼事情，會讓他們主動思考解決之道，無須旁人下達指示？有沒有什麼事情，會讓他們義無反顧去做，甚至不顧旁人的評價？有沒有什麼事情，是他們絕對無法視而不見的？

可能是無意間熱衷的某件事物，不用旁人多嘴他們也會埋頭苦幹。這種事情就是非做不可的「ＭＵＳＴ」，一種渾然忘我、連時間觀念都不存在的狀態。反過來說，當年輕人熱衷於某件事，熱衷到沒時間思考夢想，他們心中就已經埋下夢想的種子了。

那麼，小孩子沉迷電玩和漫畫也不用管嗎？是的，不用管。如果你真的無法接受小孩子熱衷的東西，那你就不要強迫他追夢。什麼樣的熱忱會化為夢想，沒有人料得到。限制小孩子熱衷的東西，是在破壞夢想生成的機率。你要他們擁抱夢想，就只能相信他們的熱忱。

我知道有人擔心，萬一小孩子弄壞身體怎麼辦？當然，沉迷到忘寢廢食並非好事，但你要認清一個前提，就某種意義來說，夢想本來就是一種不健康的成癮狀態。

熱衷於夢想的人，在旁人眼中與狂人無異。這才是夢想的正常狀態，別人眼中超乎尋常的執著，對本人來說卻是稀鬆平常。

不需要旁人刻意提醒，當事人滿腦子都是自己熱衷的事情，對身旁的事物不屑一顧，甚至熱衷到忘寢廢食。要做到這種地步，才能化育真正的夢想。

熱衷到廢寢忘食之所以重要，跟投入的時間長短無關。睡眠和吃飯是人類非做不可的基本需求，能否超越這樣的基本需求，也是判斷夢想真偽的基準線。

因此，你不能命令孩子快去吃飯睡覺，狂熱的人沒有閒工夫冷靜下來。不惜犧牲一切也要達成的目標，才叫真正的夢想。

講到這裡一定有人會問，整天不務正業以後怎麼討生活？事實上，這句話也是不能講的禁忌。夢想就是你會在無形中沉迷的東西，讓你克制不住想做的衝動，能不能討生活反倒是其次。追逐夢想的人，本身就是不講中庸之道的異端。

熱忱在本質上和本能相近，妨礙年輕人的衝動是在破壞夢想的幼苗，這就好比你不准嬰兒到處亂爬，只會在妨礙他們發育一樣。

有熱衷的事物那是再好不過，偏偏很多年輕人找不到熱衷的事物，也不肯做其他嘗試。大人提供了各種機會和資源，卻總是石沉大海、毫無回報。

這種情況下，提供再多的機會和資源也沒效果。對於一個把夢想當必需品的人來說，你叫他為了偶然的機遇努力，這是沒有意義的。

首先你該改變對方的觀念。既然對牛彈琴無效，那就教育那一頭牛。具體來說，你要讓對方明白，先做再說不是一件吃虧的事情。至於機會以後再提供就好。

這也是職涯專家經常犯下的錯誤。近年來有一門數學理論廣受矚目，主要用來剖析氣象和其他不易預測的事物，這一門學問叫「混沌理論」，可以幫助我們在複雜的社會中生存。同樣的理論也有運用在職涯領域，稱為「職涯混沌理論」。各種事件和人際關係也會影響到我們的職涯，職涯本身並不是一件單純的事情。

這個理論跟蝴蝶效應類似，蝴蝶效應的意思是，遠在巴西的一隻蝴蝶鼓動翅膀，一連串的連鎖反應會使德州發生龍捲風。而在個人職涯當中，一點小事和活動也可能對未來的經歷造成重大影響。小小的差異會導致完全不同的結果，職涯混沌理論鼓勵大家多做小嘗試，這也是正確的說法。

不過，正確的理論無法說服年輕人行動，因為觀念沒有矯正過來。大多數年輕人要先有夢想才肯行動，你奉勸他們勇於嘗試，他們也跨不出那一步。

夢想是能夠修正的，要先採取行動才有好的機緣，這是計畫性機緣理論的說法。職涯混沌理論的觀念則是，小小的差異會導致完全不同的結果，所以行動非常重要。問題是，年輕人跨不出第一步，再好的理論也注定碰壁。這兩大理論本來是用在社會人士身上的，要用在年輕人身上得特別留意。

那麼，該如何轉變年輕人的思維呢？上一章有提到「認知失調」的論述，或許可以活絡僵化的思維，當然要徹底改變並沒有那麼容易。

具體方法不是刺激對方的幹勁，那是直接影響認知的錯誤做法。年輕人已經習以為常的思考模式，光靠激勵和鼓舞是無法扭轉的。很多人參加自我啟發的講座，幹勁卻總是維持不了多久，原因就在於思維沒有改變。以一個新的認知來改變舊有認知，並不是好方法。

那該怎麼做才好呢？認知和行動有直接關聯，從行動下手才能慢慢扭轉思維。比方說，師傅整天叫弟子掃廁所，弟子一定會懷疑這有何意義可言，這就是認知上的矛盾。

不過，已經付出的勞力無法收回，這時候人心就會主動修正認知。例如，弟子事後領悟掃廁所特殊的意義，認為掃廁所是在鍛鍊心性，就不會再受認知失調所苦。神戶女學院大學的名譽教授內田樹，也是一位武術家。按照他的說法，師傅不該用口頭解釋的方法，來闡述一個弟子還無法理解的概念（摘自《日本邊境論》新潮社出版）。

當我們在做看似無意義的行為時，只要認知上的矛盾夠大，就會產生消除矛盾的動能。到頭來，認同行動價值的新思維，會蓋過舊有的觀念。

換句話說，現今的教育太講究「行動的益處」了。反正參加職場體驗營，純粹是對未來找工作有幫助，去企業實習也只是想趕快卡一個位子。大人出於善意，不斷告訴年輕人行動要有意義，結果年輕人養成了消極的態度，沒有意義的事就不肯去做。

這種「凡事講究用處」的教育方式，影響到年輕人對事物的關注和興趣，以至於他們做任何事都要先找到意義。年輕人被教得急功近利，對於自己不認可的價值完全不感興趣。他們不會靠經驗判斷一件事情的價值，而是用紙上談兵的死腦筋去做推測。於是乎，教育界和商業界也用簡單易懂的語言，闡述簡單易懂的價值觀，來迎合這些跟消費者一樣精打細算的年輕人。

是不是一定要先搞清楚利益，年輕人才願意行動呢？不，沒有這回事。我們小時候都不懂語言是什麼東西，也不曉得學語言的好處，但我們都學會語言了不是嗎？同樣的狀況不是只有小孩子身上才看得到。

我在舉辦就業博覽會時，不會事先公布參展的企業名單。我總是告訴學生，不要光看企業的名氣挑工作；同時我也告訴業者，不要光看學校的名氣挑學生。教育界應該推廣「行動的重要性」才對。

然而，坊間大多數的就業博覽會，都用知名企業的招牌當幌子，來欺騙求職的年輕人。這種言行不一的態度，當然瞞不過年輕人的眼睛。

一開始校方和人力銀行對我的做法感到不安，深怕學生不願意參加就業博覽會。不過，實際參加的應屆畢業生有一百四十一人，高達百分之四十三·七，前一年度的就業博覽會事先公布了所有資訊，結果比例反而少了百分之二十。當然，我辦活動也下了不少苦功，好比詳述每一家企業的魅力，找來特別有影響力的學生，請他們幫忙宣傳等等。但這些本來就是大人該做的事情。

我真正要談的重點是，不必拿著俗氣的好處來吸引年輕人，他們也願意行動。人心有主動消除認知失調的作用，先讓年輕人採取行動，他們才不會太計較利弊得失。觀念變革雖然改的是心態，但你不能光靠心態來改變觀念。

也許各位無法理解，掃廁所和參加就業博覽會，怎麼可能讓年輕人擁抱夢想對吧？其實我們應該告訴年輕人，任何事情都是有意義的，多做嘗試不會吃虧。沒有養成這樣積極進取的思考習慣，你提供再多機會，他們的經驗和技能（MUST和CAN）也不會提升。

史丹佛大學有一門看似毫無意義的課程，要求學生凝視一幅繪畫三小時；谷歌每十名員工之中，就有一人實踐「內觀」冥想；「禪」的觀念經過賈伯斯推廣後，也給人一種時尚的印象，而禪也會使用冥想和坐禪等身體活動，來調整心靈狀態。由此可見，先採取行動，內在就會受到相應的影響。利用這一套方法，有助於修正認知。

以身體為導引的機制，在腦部科學的領域也有相關研究。腦部研究專家池谷裕二教授，在他的著作《單純的大腦和複雜的我》（講談社出版）中，有提到所謂的「錯誤歸因」，大腦會誤解我們行為的意義和目的，甚至做出錯誤的解釋。

反過來利用腦部的這種缺陷，率先採取行動，可以引發「無意識的心理作用」。

這是一種什麼樣的作用呢？簡單說，當我們的態度和感情互相矛盾，就會試圖規避行動和感情乖離所產生的不安。已經發生的事情無法否定，所以只好改變心理的狀態，來化解內心的矛盾。

換句話說，看似無意義的事情只要先去做了，大腦就會自動找出意義。人類會替自己的行為合理化，最後說服自己「採取行動是有意義的」。

用行動修正認知並非嶄新的手法。自古以來，其實就有類似的教誨。什麼樣的行為會產生什麼樣的後果，沒有人可以事先知道，這又稱為「業不知報」；而為善不欲人知，終究會獲得好報，則是「積陰德者必有陽報」的觀念。在充滿不確定性的社會中，種瓜得瓜、種豆得豆的邏輯已不適用。相對地，小小的差異會導致完全不同的結果，這種因果業報的思維又再次受到重視。對日本人來說，純粹是回歸思想上的原點。

修正認知以後，年輕人才會相信行動的價值，這時候提供機會才有效果。不過，請各位特別留意一點，那就是不要抱有過度的期待。選項太多只會讓人無所適從，甚至對抉擇感到厭倦。

你拿一堆才藝班的簡介給年輕人看，他們也不見得有興趣嘗試；人力銀行提供的工作機會再多，年輕人也不一定找得到工作。有研究結果證實，商品的數量過多，反而會降低消費者購買的意願。

大人能夠提供的「機會」，並不是字面上的意思。通常大人說要給年輕人機會，這句話夾雜了過度的期待和企圖，大人希望年輕人得到機會後，最好都能找到夢想。可是，機會能否轉化為夢想，這要事後回過頭來看才會明白。

比方說，同一間學校的學生，有的人可能很嚮往老師這一行，有的人卻完全相反。

而嚮往老師這一行的學生，嚮往的原因也不盡相同。有的人想效法自己尊敬的師長，有的人則是看不慣師長的作為，想要跳出來匡正風氣。兩者同樣走入學校這道「入口」，也同樣抵達想成為教師的「出口」，但過程南轅北轍。機會代表的就是入口，動機則是通往出口的過程，這都是無法事先規畫好的。

從這個角度來看，提供「機會」根本是在干預對方，還自我感覺良好。提供「環境」至少算是比較妥當的方式，不要事先預設目的或方向，要保持中立才對，行善助人無法預知善行的價值和意義。不要以為自己提供的機會，一定能幫對方找到夢想，這本身就是過度的期待和傲慢。

現在回過頭來再想一次，我們到底可以做些什麼，幫助年輕人的夢想發芽呢？不要胡亂評斷他們的興趣喜好，而是抱持著覺悟，提供他們真正需要的支援。夢想是不可預測的，何種熱忱對當事人有益處，誰也說不準，你該做的是以不干預的態度耐心守候。萬一年輕人找不到熱衷的事物，請先修正他們的觀念。提供機會給他們時，也不要有過度的期待。

你不一定幫得上忙，你提供的機會也不一定派得上用場。真心希望年輕人擁抱夢想，就應該相信年輕人的可能性，而不是事先預設立場，更不應該揠苗助長。

沒人知道夢想何時會生成，請各位真心支持那些沒有夢想的年輕人，這就好比球迷支持自己喜歡的球隊一樣，你喜歡的球隊戰績不好，你也不會見異思遷吧。

實現夢想並非終點

有了夢想以後，再來就是努力實現夢想了。只要年輕人相信夢想的可實現性，坊間有不少教人實現夢想的理論，好好活用那些理論就行了。

等到夢想實現的那一天，即可品嘗到無上的喜悅。難以實現的目標終於得償所望，那種幸福的感覺肯定難以言喻。

不過，實現夢想並不是人生的終點。有句話叫「國破山河在」，套用在夢想上則是「夢醒日常在」，實現夢想以後，你還是要過好生活。

尤其魚躍龍門的「BE型夢想」，在實現以後才是真正的重頭戲。好比職棒生涯創下無數紀錄的鈴木一朗，他在二〇一九年的引退記者會上表示，自己實現了小時候想當職棒選手的夢想。但他也承認，追求遠大的夢想並不容易，好高騖遠只會讓熱情無以為繼。

這一段話值得我們深思玩味，一個實現夢想的成功人士，也沒有百分之百推崇夢想。

研究iPS細胞的山中伸彌教授，在二〇一二年獲得了諾貝爾獎，他以前的夢想是當一名整形外科醫生。沒想到，他當上了夢寐以求的整形醫生後，才是噩夢的開端。他的整形手術並不高明，每次都被病人嫌得要死，連同事都笑他只會扯後腿。

我不是鼓吹大家放棄夢想，也不是說夢想實現後注定悲劇。夢想實現以後，人生故事依然會持續下去，苦難可能會在夢想實現後才到來。我只是不能理解，為何大人明知如此，還要逼迫年輕人追逐夢想。

比方說，我每次提到自己的工作經驗，很多人說他們也想成為大學教務人員，可能他們以為那是安定又輕鬆的工作吧。不過，當上夢寐以求的大學教務人員，也有可能被教職人員隨意使喚，或是被學生看不起。尤其現在少子化相當嚴重，每一家學校都在搶學生，有些大學假日還會舉辦入學體驗營，教務人員根本沒機會放假。夢想實現不代表你會有幸福快樂的結局，一切都還有後續，不管什麼夢想都一樣。

我的一位好友P，當上了夢寐以求的機師。他從小就夢想當一名機師，他說實現夢想固然幸福，但單純懷抱夢想的那段日子，才是最幸福的時刻。我們活在現實世界中，在不同的人生階段會有不同的目標，永遠有追求不完的願景。

另一位好友N也成功實現夢想，加入了自衛隊報效國家。據說，絕大多數的人從軍後人生都變黑白的。不是因為自衛隊的工作很無聊，而是軍中的上下關係嚴明，團體生活又毫無個人隱私。他花了好長一段時間才明白，不合理的管教有其必要性，而且人在統御中才能品嘗到真正的自由。

後來他當上教官，到頭來也離職了。他實現了所有的夢想，卻失去了人生的目標。

夢想很可貴，但在追夢的那一段過程才是最幸福的。實現了一個夢想，你又會產生下一個夢想；攀上了一座高山，你又想攀上另一座高山。夢想是永無止境的，這是很理所當然的道理，也是每一個實現夢想的人士，告訴我們的事實。

除了教務人員、機師、軍人這些特殊職業以外，我們身邊也有不少人在實現夢想後，才算真正嘗到苦頭。好比日本人耳熟能詳的「偏差值」，就是最好的例子。

「偏差值」是中學老師桑田昭三創造出來的產物，只可惜這一套評鑑機制被後人誤用，桑田先生是有苦難言。

過去，學生畢業後要讀哪間學校，是靠老師的經驗和直覺來決定的。桑田先生的學生曾因一分之差，無法就讀心目中的第一志願，因此他決定讓封閉守舊的考試機制透明化。他收集了十萬筆以上的資料，最後研發出了「偏差值」機制。桑田先生成功實現夢想，指導學生升學終於有了一套科學的方法，不必再取決於老師的個人判斷。

不料，後來這一套方法被批評為荼毒學生的妖怪，還有人指出，偏差值制度是學生遭受不公平待遇的主因。老師按照偏差值提供升學建議，有越來越多學生無法就讀自己真正想念的學校，文部大臣甚至打算廢除這一套制度。

可是，桑田先生編排這一套制度，不是想要評鑑個人或學校的優劣。現在的師生把偏差值高低看得比什麼都重要，這才是他最不樂見的情況。

桑田先生認為，這就好像在公開評比每一個人的外貌美醜一樣，搞不好還會扼殺學生的可能性，有的學生可能會覺得，自己再怎麼努力也不會有出息（摘自《復活吧，偏差值》NESCO出版）。

從這些例子我們不難發現，夢想是永無止境的開放式結局，不見得會帶來快樂的結果。同樣的道理，職涯也是永無止境的。

要求年輕人追夢很簡單，但考量到夢想實現後的風險，大人在鼓吹夢想之前，也該做好心理準備才對。沒有經過深思就鼓吹夢想，未免太不負責任了。

夢想總給人開朗明快的印象，我們應該先正視夢想實現後的狀況，再來要求年輕人擁抱夢想。我再引用一段鈴木一朗召開引退記者會的說詞。

他說，背負別人的期待不是一件輕鬆的事情，追夢的過程也有許多辛酸苦辣。有成就感和滿足感是一回事，但快不快樂還有待商榷。

這位世界級巨星被當成教育夢想的教材，許多夢想成為職棒選手的小朋友，想必也有收看這一場記者會。饒是如此，他在記者會上仍語重心長說出了這一番話。只有實現夢想的人，才明白那樣的感受和境界吧。攀上無人能夠攀越的高峰，身上背負的卻是沉重的負擔。光憑我們的個人經驗，很難體會鈴木一朗的發言，但要求年輕人追夢的每一位大人，都該好好深思這一段話。

日本國家女子足球隊主將宮間綾，對夢想實現以後的人生，發表過更直接的看法。她在二〇一一年的國際足協女子世足賽擔任副主將，帶領日本女足踢出世界冠軍。她說，自己不敢隨便宣揚夢想的重要性，明知狂熱只會帶來不好的下場，她實在不願意帶動熱潮（摘自《日本經濟新聞》二〇一九年十月八日早報）。

夢想是有後續發展的，假如擁抱夢想的前傳是第一部曲，那麼實現夢想的過程就是第二部曲，實現夢想後的故事則是第三部曲。換句話說，夢想是有三部曲的。

然而，職涯教育和師長只負責教第一部曲，而且根據年輕人的說法，現狀比我們想像得更加嚴重。大人完全沒講如何實現夢想，連擁抱夢想的方法，乃至實現後如何自處，這些全都要年輕人自己想辦法。大人只負責鼓吹夢想，令人不禁懷疑，這是公共教育體系該做的事嗎？

坊間有不少教人實現夢想的理論，但很少有人講到擁抱夢想的方法，實現夢想後的事情就更少人提了。寫給年輕人看的內容更是稀少。

因此，我在上一節談如何擁抱夢想，這一節則談實現後的話題。雖然談得比較淺薄，但至少有給各位一些參考方向了。

再來補充一點夢想實現後的話題。現在日本終於有人重視「第二職涯」「並行職涯」「公益職涯」等觀念了，換工作和從事副業也變得稀鬆平常。還有人在求學時就選擇創業，累積各種教訓和經驗。平日就做自己擅長的事情，假日則熱心參與公益活動，或許這樣的時代很快就會到來了。

現代人的壽命越來越長，大人自己就該積極打造職涯，對於年輕的後進，我們能提供怎樣的鼓勵和支援？過去教育界的相關人士，只會逼迫年輕人擁抱夢想，年輕人找到第一份工作以後，剩下的一概不顧。如今這些教育界的相關人士，應該好好反思這個問題。

尤其全日本有將近七百八十間大學，協助學生求職的單位，有半數以上冠有「職涯」這兩個字。他們該做的不再是單純協助就業，而是真正提供職涯上的協助。再怎麼不濟，也不能揠苗助長，破壞年輕人的特質。

擁抱夢想本身是一件好事，但擁抱夢想以後才是重點。年輕人實現夢想以後，到底要如何自處？我們能提供什麼樣的協助？大人應該向夢想的實踐者求教，仔細聆聽他們的意見。如果我們非得用虛無飄渺的夢想，來當作教育體系的骨幹，那就更應該這樣做。

打造「有夢最美」的社會是大人的工作

充滿夢想的社會當然美好，這一點無可否認。那我們該怎麼做，才能激發年輕人對夢想的嚮往呢？

上一節我們談到大人可提供的協助，其實還有更簡單的方法。

那就是大人努力充實自己的人生。假如世上的大人都有夢想，每天過得非常充實，年輕人自然會擁抱夢想。你應該以身作則擁抱夢想，你的孩子、學生、部下才會群起效法。

內閣會議訂立了「年輕人自立自強挑戰計畫」，這個計畫的最終目標，是打造一個充滿夢想的社會。人人有夢的社會一旦實現，想必是一件很美好的事情。大家都可以專心做自己喜歡的事情，簡直是人間天堂。充滿夢想的社會，差不多是這樣的形象對吧？

不過，所謂的夢想不一定是做自己喜歡的事情。金恩牧師的夢想是消除人種歧視，因為他自己就深受歧視所苦，對公平充滿渴望。由於渴望得不到滿足，又產生非比尋常的渴望，當這種認知失調惡化，就化為強大的動能，為他帶來夢想。

夢想就是渴望，渴望代表缺憾，肚子餓了才會產生食欲。我在第二章也有講到，完美無缺的人和全知全能的神不會有夢想，有缺憾才會有夢想，不是所有夢想都令人雀躍不已。

況且，夢想不會輕易萌芽，更不可能輕易實現。心理學家馬斯洛觀察過許多深諳人生哲理的人，建構了一套自我實現理論。他發現像藝術家或知識分子這一些極富創造性的人，比較容易達成自我實現（摘自《完美人格》誠信書房出版）。

再者，上一節也有提到，夢想實現不代表最終結局。成功實現夢想的人也告訴我們，夢想實現以後還是有飽嘗辛酸的可能。

所以，要打造一個人人有夢的烏托邦社會，不是一件簡單的事情。

從這個角度來思考，有夢的社會確實也不賴，但沒有夢想也能活得充實自在，比一定要有夢想才能活得充實自在，要來得更有希望不是嗎？

過去我們總以為，只要有夢想就能活得幸福美滿，還試圖量產夢想。

大人不只量產夢想，還把既定的價值觀強加在年輕人身上。但第四章也有提到，沒有夢想的加成型人生自古皆有，我們應該改變社會風氣，而不是改變年輕人。改變社會才是真正該努力的目標，絕不是改造個人。

當然，改變社會不見得要去做一些很魯莽的挑戰。我不是要你馬上改變社會制度，或是放棄實力掛帥主義。

大人自己摸索看看，有沒有不依賴夢想，也能充實過活的方法，這樣就足夠了。大人勇於接受小小的挑戰，可以替社會打開無數的窗口。

改變的徵兆已然浮現了，現在有很多共享的生活方式，好比共享租屋、共享空間、共享器材、共享技能、共享金錢等等，都是解放資產與他人互相分享。不少人的生活方式從獨占轉變為共有。

除此之外，還有許多奇特的生活方式。例如森本祥司先生運用他破天荒的思維，出租自己去陪伴寂寞的人，竟然還獲得廣泛的好評，前藝人小谷真理先生（街友小谷）乾脆當一個充滿藝術氣息的街友。當然，這些人的方法和效果，不是每一個人都贊同，至少他們有開始嘗試新的生活方式。

年輕人對這些新的生活方式感興趣，也有熱烈的回響。只要大人肯付出行動，年輕人也會有反饋。反之，只會出一張嘴的大人，年輕人根本懶得理會。沒有認真活在當下的大人，講不出有新意的人生指南，年輕人也就不屑一顧。

要創業或從事副業都沒關係，重回學校深造也無所謂，放育嬰假跟孩子培養感情也是不錯的選擇。利用空閒時間去做公益，或是做自己喜歡的事情也好。到附近的公園演皮影戲給小朋友看，或是到地方上的學校貢獻個人才智也好。

一個人要如何生活，的確跟謀生手段大有關係。但歸根究柢，這主要關係到你選擇的生活環境、生活對象、生活目標。大人勇於嘗試嶄新的生活方式，這種態度本身就是最好的活教材，等於是用身教的方式教育年輕人，這無疑也是一種教育形式。

世上有各式各樣的生活方式，夢想不是人生的必需品。直接傳達這些訊息固然重要，可是大人自己以身作則，就不需要言教了。實證更勝於理論，行動就是最好的說明。

培育人才的英文是「Career Development」，直譯就是「開拓職涯」。前人在前方披荊斬棘開路，也是一種提攜後進的方式。

創造出偏差值機制的桑田昭三說過，大人以為光出一張嘴就能教好小孩，這純粹是一種傲慢。不是只有言教才算教育，你可以用理論駁倒年輕人，但你沒法用理論刺激他們，因為你講的都是空談。

大人勇於披荊斬棘，不必多說廢話，這本身就是一種身教方式。

在教導年輕人道理的時候，言教搭配身教很有說服力，其實光靠身教就足夠了。沒有夢想也能活得很幸福，這個道理你不必特地告訴他們，實踐給他們看就對了。年輕人會從你的生活哲學中獲得啟發，正所謂百聞不如一見。

我們應該喚起逐漸遭到遺忘的身教手法。以蒙特梭利為例，這種教育會準備小孩子專用的教材和玩具，也算是一種不依賴言教的教育模式。準備好一個小孩子專用的生活環境，等於是在告訴他們，大人有尊重小孩子的自主性。

如今受到世人矚目的禪學思想也一樣，大家耳熟能詳的達摩祖師，他曾到語言不通的中國弘法傳道，因此禪宗也不重視言教的傳道方式，這又稱為「不立文字」。意思是透過實踐傳授佛法的真髓。

我在放育嬰假的時候，某位醫生告訴我，人類是全世界最熱心養育後代的動物。家長過度干預，會妨礙到小孩子的學習本能和自主性。

小孩子不需要說明書，也會主動學習器具的使用方式，在玩樂中摸索一切。各位不需要教導他們如何在社會上打滾，他們也會自己去適應環境。你不用教他們適應的重要性，他們本能上懂得這個道理。

現代社會充滿不確定性，大人都很擔憂年輕人的前途。在你擔心他們之前，先把自己的前途顧好比較重要。

不要出一張嘴逼他們快點行動，而是以身作則，激發他們敢於嘗試的勇氣。年輕人不需要你的鼓舞，他們要的是值得效法的榜樣。

大人也不用整天講什麼職涯教育，或是搬出特別的教育課程。海外的計畫性機緣理論，其實就是我們常講的「塞翁失馬焉知非福」。我們都知道幸不幸運是偶然的因素造成，與其相信那些滿口大道理的專家，歷經風霜的「普通大人」，反而更能激勵年輕人努力，畢竟大多數年輕人也是「普通人」。

思想家內村鑑三曾對天皇不敬，而失去教職工作，但他仍然從事研究和創作，努力用身教的方式化育英才，東大校長和許多官員也是他培養出來的。他發表過一場演說，題目是「流傳後世的貴重遺物」，他說有些東西可以流傳後世，而且對所有人都有益，那就是勇敢而高貴的人生經歷（摘自《流傳後世的貴重遺物：論丹麥》岩波書店出版）。

換句話說，我們普通人的生活哲學，足以留給年輕人參考。不必培養一堆只會打嘴砲的職涯專家，多一點以身作則的大人就夠了。

用身教的方式指引年輕人，似乎是很老套的手法，但俗話說得好，溫故可以知新。只要你用身教指引年輕人，自然就會做到「不評價」和「不干預」了。大人整天監視年輕人，不肯好好充實自己的人生，才會做出不必要的評價和干預。專注於自己的人生，你就沒閒功夫幹那些蠢事。

大人過好當下的生活，好好解決眼前的問題，就不會扯年輕人的後腿了。當然，有時候你得說道理給年輕人聽，給予他們一些斥責或鼓勵，但言行不一的大人講話沒有說服力。只會出一張嘴的大人訓話，對年輕人來說純粹是噪音。身教是教育不可或缺的一環。

有的讀者可能認為身教太困難了，請不用擔心。事實上，每一個大人都是身教高手，你們都是頂尖的推銷員。怎麼說呢？你們推銷的商品是「生活方式」。

年輕人總是在觀察大人的言行舉止，而且細心觀察的程度遠超出你的想像。你每天過得朝氣十足還是死氣沉沉，年輕人全都看在眼裡。大人在無意間推銷自己的生活方式，對年輕人造成潛移默化的影響。「先生」這個敬稱，意思就是人生的先進，所有的大人都是潛在的人生導師。

的確，大人不見得對自己的人生哲學有信心。我在第一章也有講到，高中生的家長有九成以上，會在日常生活中提醒孩子，要他們重視夢想和目標（摘自《第八次「高中生和監護人之前途觀念調查」二〇一七年報告書》一般社團法人全國高等學校PTA聯合會／Recruit Marketing Partners股份有限公司發行）。

另一方面，只有百分之二十四．三的家庭，在談論孩子的前程時，會問他們以後想過上怎樣的生活。此外只有百分之七的家庭，會討論到社會動態和經濟狀況。夢想會受到經濟和社會動態的影響，也是決定未來生活方式的最重要因素。奇怪的是，大部分的大人都沒有談到社會問題和生活方式。

同一份調查也有解釋這個問題。家長在討論孩子前程時，之所以無法提供有用的建議，主要有兩大原因。百分之四十七．三的家長認為，社會的變化難以預測；百分之二十二．二的家長認為，自己的生活哲學和想法，不足以給孩子參考。

也就是說，因為社會難以預測，大人又對自己的生活方式沒信心，所以只好避重就輕，叫孩子重視夢想和目標就好。

不過，未來大人只能用身教的方式指導年輕人。在自由化和風險化的社會中，充斥著大量的選項，簡直跟吃到飽餐廳的大量菜色一樣，我們必須在過多的選項當中，挑中適合自己的選項才行，否則風險會不斷提升，偏偏不面對風險又無法造就個人職涯。沒有個人職涯，連生活都會出問題，這意味著未來所有人都會變得很忙碌。

再者，現代人隨便都能活到七老八十。問題是，壽命延長並不表示閒暇的時間增加。要在年老時過上健康又有文化的生活，就得確保食衣住行的水準。因此，我們得繼續工作來維持生活水平，而不是靠別人來接濟。這已然是自由化和風險化社會的共識。

到時候，大人光是自己的事情就忙不過來了，也無暇去顧及年輕人。你只能用身教的方式指引年輕人，根本沒心力指指點點。

更何況，不了解對方的生活方式，你要如何提供建議？有的年輕人寧可讀專校，也不願就讀大學，無名的新創企業在他們眼中，也比知名的大企業有魅力。大人不懂他們的想法，很容易指責這些抉擇。可是，這些疑問也會招致反感，因為你根本沒有理解年輕人，關心也就變成了指責。

在說出你的看法之前，請先了解年輕人的想法是什麼。比方說，你對孩子的觀念有一定程度的了解，但他做的抉擇出乎你的意料之外，這時你就可以詢問原因。然而，要做到這一點並不容易。大人無法完全理解年輕人的想法，他們也不會把自己的想法徹底說出來，你只能知道一部分的事實。

況且，一般人可用的語言比理解的語言更少，你很難把腦海中的某個想法，用語言完整表達出來。我們這些成熟的大人，也不見得知道自己看重什麼，語言運用能力不如大人的年輕人，就更是如此了。連自己都難以理解、難以表達的事情，又要如何讓他人理解。

想要了解其他人的生活方式，必須耗費極大的心力，偏偏我們又得花大量的時間打造個人職涯，因此不該隨便批評年輕人的生活方式。用身教的方式指引，反而是個好方法。

如今社會趨於自由化和風險化，人的壽命又越來越長，身旁沒有榜樣可以參考，機會卻隨處可見。不管機會在當下或遙遠的未來，都要先承擔風險才能獲得，年輕人必須在這樣的社會討生活。

未來的社會充滿不確定性，這句話已經是老生常談了。問題是，過去有哪個時代充滿確定性的？自有人類以來，有多少人能準確預測未來？如果「社會充滿不確定性」是對的，照理說我們根本不敢肯定人生需要什麼，這也包含了夢想。

社會充滿不確定性，所以我們需要夢想，這種說法本身是有問題的。那在單純的時代也有夢想的人，又該做何解釋？沒有夢想也活得很幸福的人，又該做何解釋？

當然，你可以販賣恐懼和不安，再誇示那些成功人士的經歷，讓年輕人相信你講的話是正確的。不過，既然社會充滿不確定性，你憑什麼保證自己講的一定是對的？說到底，我們只剩下身教的指引方式。

夢想的量產計畫跟少子化對策的觀念類似。父母生小孩不是要養未來的飯票，更不是為了解決少子化才想生小孩。社會需要大量的出生人口，甚至比父母想要的孩子還多，這主要是為了維持社會制度。現在的年金制度是勞動人口送錢給退休人口花，所以需要大量的人力來補充缺口。小孩生下來必須服務社會，而不是社會服務小孩。

夢想也是一樣，政府要求年輕人追夢只是要維持社會和發展。夢想不為個人服務，而是為社會服務。夢想本該是個人目的，結果被當成維續社會的一大手段。這是以大人為本位，而不是以年輕人為本位。歡迎年輕人追逐夢想的甜言蜜語，聽起來跟太陽一樣溫暖，但從另一個角度來看，沒有夢想的人很難生存下來，這其實比北風還要冷酷無情。活在這種看似寬容實則嚴酷的虛偽社會中，年輕人怎麼可能有夢想？

可是，社會制度有問題我們也不能坐以待斃，否則這跟沒有書桌就無法念書、沒有夢想就無法努力的小孩一樣。就算社會制度有問題，大人也該用身教指引年輕人。沒有經過開拓的荊棘之路，只要肯走一樣是條路。

身教是我們做得到的事，而且我們已經在做了。那麼，我們該傳遞什麼樣的訊息？

第三章也有講到，職涯教育本來的用意，是教導年輕人用不同的方式與社會產生聯繫。有夢想和沒夢想的大人，分別展現自己的生活方式，告訴年輕人如何參與社會就好。

把年輕人當成維繫社會運作的祭品，不是大人該做的事情。夢想勒索美其名為教育，實則強迫年輕人迎合社會的既定觀念。

我們應該打造一個對年輕人有益的社會，而不是培養出為社會犧牲的年輕人。打造出充滿希望的社會，才是我們該送給年輕人的禮物。這是我們能做的事，最終也對我們有益。

讓大家敢於追夢的社會固然美好，但沒有夢想也能充實過活，不也很美好？生活不是一定要有夢想，社會應該包容多元化的生活方式。打造出這種充滿希望的社會，才是大人該努力達成的目標。

後記

在我們平常使用的物品當中，語言是創新度最低的一種東西。我們身旁的物品幾乎都是其他人命名的，多數人只是語言的使用者，而非命名者。

不過，有一些專家很擅長命名，命名可以說是他們的特技。我們這些缺乏命名經驗的使用者，常被那些專家想出來的專業術語耍得團團轉。

教育和職涯分野當中，也有創造出各式各樣的術語。

好比智商、情商、素養、職能等等。除了術語之外還有各種標語，例如思想有化為現實的力量、做人要有領導能力、人生有幾大重要習慣之類的。有專家說學識、體力、人品是最重要的生存能力，也有專家說創造力、傾聽能力、執行力是在社會打滾的基礎。

專家基於善意胡亂創造各種人生指南，幫助我們掌握成功，避免在人生旅途中迷航。生活中隨處可見各類專家，拿著術語在爭奪權威。

該記的東西太多反而令人無所適從，但那些喜歡命名的專家，不斷替各種能力和資質冠上眼花撩亂的名字。

問題是，在社會上生存真的需要那麼多能力嗎？為什麼所有人非成功不可？我們的社會如此急功近利，大人難道沒有責任嗎？

這些疑問在我們心中萌芽，但每一個專有名詞聽起來都非常重要，似乎不可質疑。

不過，真正受到大眾認可的術語少之又少，命名大戰的勢力消長經常在改變。優秀人才和成功人士的條件，會隨著時代和流行趨勢而改變。坊間各種「○○力」的論述如雨後春筍般冒出來，但很快就過時了。在這個充滿不確定性的時代，我們根本不知道未來什麼素質比較重要，也難怪那些術語一下就被淘汰了。

然而，在大量術語被淘汰的情況下，有一個詞彙不但生存下來，還一直是人們趨之若鶩的標的，那就是「夢想」。

夢想始終是人們心目中的超級巨星，誰也沒料到夢想會被當成凶器。可是，我發現很多年輕人被夢想荼毒，幾乎已經發展到了勒索、霸凌的地步。

這些慘狀看久了，我總覺得他們在默默質問大人一個問題：難道就沒有追夢以外的生活方式嗎？你們都聽到年輕人的心聲了，還不願意有所作為嗎？

話雖如此，時至今日夢想勒索的現象並沒有減輕。每當我提出夢想勒索的問題，大家只會怪我小題大作，不認為有認真探討的必要。

我煩惱了大約三年，有好幾個數位原生世代的年輕人，建議我出版成冊，我才開始找出版社洽詢合作事宜。

在這個時代散播資訊，其實不需要花費什麼成本，而我刻意花費成本和時間出書，就是希望大人了解，夢想勒索已經是不容忽視的問題。不愛讀書的年輕人竟然會拜託我出書，我可以感受到他們迫切的心聲。

不消說，大部分的大人都不關心這個議題，反正也不是刻不容緩的事情。我終於明白要挑起大人的關心有多困難，多數人都不認為這個議題值得探討。現代人凡事講究速效性，除非是相當緊急的議題，否則自然提不起大家的興趣。

不過，這也讓我確信自己的推論是對的，但我並不感到開心。大人越不關心這件事情，我就有越多的證據可以證明，大人根本不知道年輕人被夢想折騰。我反而有一種必須為年輕人發聲的衝動。

除了引用的部分以外，這本書中比較少用到「父母」這個字眼。有一次我在對學生家長演講的時候，校方希望我少用父母這樣的字眼，因為有些學生是單親，或者根本沒有父母。所以我後來比較少用父母這個字。

區區一個文字就有傷害人心的可能，人們沒有留意到的事情，往往會被當成沒發生過。換句話說，受苦受難的人明明存在，卻被社會抹殺。年輕人也是一樣，他們的問題也許在你眼中並不迫切，但對他們來說是很重要的事情，哪怕你根本沒放在心上。

我一方面替年輕人著急，一方面又找不到出書的門道，還好有家人溫暖的關照，他們沒給我太多壓力和干預，另外還有各方人士提供我支援。偶然遇見跟我同姓的高部哲男編輯，從一開始就對我的出書企劃很感興趣。我要藉這個機會，向所有人獻上最誠摯的謝意。

那些受夢想折騰的年輕人，希望我喚醒社會大眾正視這個問題，如果各位接收到了這一個訊息，那我身為傳聲筒的任務也算達成了，只求各位真的有看重這個問題了。

本書有分析夢想勒索的現狀，順便告訴大人，如何幫助有夢想和沒夢想的年輕人。

切記，重點在於「不評價」和「不妨礙」。大人不要說多餘的話、做多餘的事，我要傳遞的訊息就是這麼單純乏味。

當然，我相信也有其他更積極的支援方式，但年輕人不斷跟我訴苦，我認為當前必須馬上處理的問題，就是大人的過度評價和干預。

夢想勒索的成因錯綜複雜，就跟糾結的絲線一樣不可能馬上解決，因此我只能提供這樣的方法，還請各位見諒。

不要過度干預年輕人，這種尊重他們的行為，就是最大的支援了。希望這本書可以拋磚引玉，讓大家正視夢想勒索的問題。

二〇二〇年二月十一日　高部大問

參考文獻

《PRESIDENT Online》PRESIDENT 二〇一九年十月十九日
品川女子學院官網
《大學新聞》大學新聞社二〇一九年六月十日
《心靈筆記》（『心のノート』）文部科學省
《傳唱名曲：教科書上的一萬首作品》（『歌い継がれる名曲案内 音楽教科書掲載作品10000』）日外聯合
JOYSOUND 官網
《NEW CROWN》三省堂
《學校基本調查》文部科學省
《絕對內定》杉村太郎、熊谷智宏（鑽石社）
《面試官提問的涵義》（『面接担当者の質問の意図』）才木弓加（人生領航）
《求職輔導手冊（二〇一八年度的版本）》（『就職指導・支援ハンドブック』）日本私立大學協會求職委員會
EN轉職官網
doda 官網
r-agent 官網
rikunabi NEXT 官網

本田技研工業官網
《本田宗一郎傳：化夢想為力量》（『本田宗一郎 夢を力に』）（日本經濟新聞社）
《稲盛和夫的青年期自傳》（『稲盛和夫のガキの自叙伝』）稲盛和夫（日本經濟新聞社）
《松下幸之助傳：培育夢想》（『松下幸之助 夢を育てる』）松下幸之助（日本經濟新聞社）
《Works72》（Recruit Works 研究所）
索尼官網
NHK紀錄片「剖析日本：經濟大國的泉源」（『日本解剖 経済大国の源泉』）
《星巴克的成功故事》（『スターバックス成功物語』）霍華德・舒茲、朵莉・瓊斯・楊（日本經濟BP）
《時代》雜誌二〇一五年四月二十七日
《怦然心動的人生整理魔法》（『人生がときめく片づけの魔法』）近藤麻理惠（太陽符號出版）
電影「夢想」（『ドリーム』）藍光DVD二十世紀影業發行
《東大線上新聞》（『東大新聞オンライン』）公益財團法人東京大學新聞社二〇一六年一月十四日
《找不到工作的東大生》（『内定とれない東大生』）東大就職研究所（扶桑社）
《權力、政治、民眾》萊特・米爾斯（美篶書房）
《原因和結果的法則》（『「原因」と「結果」の法則』）詹姆斯・艾倫（太陽符號出版）
《文部科學統計概要（二〇一九年版）》（『文部科学統計要覧（平成31年版）』）文部科學省

《日本統計二〇一九》（『日本の統計2019』）總務省統計局
《高等學校升學就業輔導觀念調查》（『高等学校の進路指導に関する意識調査』）倍樂生教育綜合研究所二〇〇四年
《提升家庭、學校、地方的教育軟實力，增進孩子的自我肯定感，讓孩子有能力開拓自己的未來（第十次建言）》（『「自己肯定感を高め、自らの手で未来を切り拓く子供を育む教育の実現に向けた、学校、家庭、地域の教育力の向上」（第十次提言）』）教育再生實行會議二〇一七年
《第三期教育振興基本計畫》文部科學省二〇一八年
《第八次「高中生和監護人之前途觀念調查」二〇一七年報告書》（『第8回「高校生と保護者の進路に関する意識調査」2017年報告書』）一般社團法人全國高等學校PTA聯合會・Recruit Marketing Partners 股份有限公司
《高中資料事典二〇一三》（『高校データブック2013』）倍樂生教育研究開發中心
日本教育社會學會第六十八屆大會
《日本夢想白皮書二〇一八》（『日本ドリーム白書2018』）全國都道府縣暨二十座指定都市數據
《夢象成真》（『夢をかなえるゾウ』）水野敬也（飛鳥新社）
《二十一世紀夢想調查》（『21世紀の夢調査』）財團法人日本青少年研究所一九九九年
《適合新時代的教育法和教育振興基本計畫（答詢）》（『新しい時代にふさわしい教育基本法と教育振興基本計画の在り方について（答申）』）中央教育審議會二〇〇三年

《職涯教育之綜合調查研究協力者會議報告書》（『キャリア教育の推進に関する総合的調査研究協力者会議報告書』）文部科學省二〇〇四年
「熱情大陸」（『情熱大陸』）毎日電視放送二〇一九年四月十四日
《第二十九屆「長大後的夢想」調查》（『第29回「大人になったらなりたいもの」調査』）第一生命保險股份有限公司二〇一八年
《新工作大未來：從十三歲開始迎向世界》（『13歳のハローワーク』）村上龍（幻冬舍）
《中學職場體驗導覽》（『中学校職場体験ガイド』）文部科學省二〇〇五年
《兒童生活暨學習相關親子調查二〇一五年版》（『子どもの生活と学びに関する親子調査2015』）東京大學社會科學研究所／倍樂生教育綜合研究所
《就業白皮書二〇一九》（『就職白書2019』）就業未來研究所
《二〇一二年版——兒童暨年輕人白皮書》（『平成24年版　子ども・若者白書』）內閣府
《奇蹟學校》（『奇跡と呼ばれた学校』）荒瀨克己（朝日新聞出版）
一般財團法人日本聖經協會官網
《原文萬葉集（上）》（『原文 万葉集（上）』）岩波書店
《原文萬葉集（下）》岩波書店
《日本著名隨筆（十四）夢》（『日本の名随筆（14）夢』）埴谷雄高編輯（作品社）
《夢的日本史》（『夢の日本史』）酒井紀美（勉誠出版）
《Social Research》約翰・霍普金斯大學出版社一九九九年六十六號
軟銀新鮮人 LIVE 2012

軟銀職涯 LIVE 2018
《大辭林第四版》三省堂
《工作思想》（『仕事の思想』）田坂廣志（ＰＨＰ研究所）
《文明論之概略》福澤諭吉（岩波書店）
《福澤諭吉教育論集》山住正己編輯（岩波書店）
《勞動力調查》（『労働力調査』）總務省統計局
《我國新時代的教育方向（第二次答詢）》（『21世紀を展望した我が国の教育の在り方について（第二次答申）』）中央教育審議會一九九七年
《希望不均的社會》（『希望格差社会』）山田昌弘（筑摩書房）
《學歷與階級》（『学力と階層』）刈谷剛彥（朝日新聞出版）
《從經濟學角度思考教育》（『教育を経済学で考える』）小鹽隆士（日本評論社）
《教師勤務實態調查》（『教員勤務実態調査（平成28年度）』）（二〇一六年）文部科學省
《如何改善初等、中等教育和高等教育銜接問題（答詢）》（『初等中等教育と高等教育との接続の改善について（答申）』）中央教育審議會一九九九年
《年輕人自立自強挑戰方案》（『若者自立・挑戦プラン』）年輕人自立自強挑戰戰略會議二〇〇三年
《小學職涯教育導引》（『小学校　キャリア教育の手引き』）文部科學省
《充滿夢想的社會可有希望》（『夢があふれる社会に希望はあるか』）兒美川孝一郎（ＫＫ暢銷出版）

《今後各級學校的職涯教育和職業教育的推廣方式（答詢）》（『今後の学校におけるキャリア教育・職業教育の在り方について（答申）』）中央教育審議會二〇一一年
《小學、中學、高中職涯教育推動指南》（『小学校・中学校・高等学校 キャリア教育推進の手引』）文部科學省
《教師成就感之觀念調查報告》（『「教員の働きがいに関する意識調査」報告』）社團法人國際經濟勞動研究所二〇一二年
《世界》岩波書店二〇〇七年三月號
《壓力社會》（『軋む社会』）本田由紀（河出書房新社）
《職涯教育的謊言》（『キャリア教育のウソ』）兒美川孝一郎（筑摩書房）
《中學生暨高中生前程輔導指南第十五集：重視體驗性和探索性學習的輔導方案》（『中学校・高等学校進路指導の手引 第15集 体験的・探索的な学習を重視した進路指導』）文部省
《二〇一七年度職場體驗暨實習實施結果（概要）》（『平成29年度職場体験・インターンシップ実施状況等結果（概要）』）國立教育政策研究所
《教育改革國民會議報告》教育改革國民會議
《職涯顧問養成計畫》（『キャリア・コンサルタント養成計画について』）厚生勞動省
《追夢的功與過》（『「夢追い」型進路形成の功罪』）荒川葉（東信堂）
《日本的菁英政治》（『日本のメリトクラシー』）竹內洋（東京大學出版會）
《傻瓜的壁壘》（『バカの壁』）養老孟司（新潮社）
「DeNA 南場女士為何關心教育」（「DeNA 南場氏は、なぜ教育に燃えているのか」東）

東洋經濟 ONLINE 二〇一五年三月二十三日
二〇一五年大學改革研討會「創業與大學教育」（「起業と大学教育」）演講
《超級名校畢業生》（『「超」進学校 開成・灘の卒業生』）濱中淳子（筑摩書房）
《福翁自傳》（『福翁自伝』）福澤諭吉（岩波書店）
《各級學校學習指導綱要之改善暨必要策略（答詢）》（『幼稚園、小学校、中学校、高等学校及び特別支援学校の学習指導要領等の改善及び必要な方策等について（答申）』）
中央教育審議會二〇一六年
《華爾街日報》道瓊公司二〇〇八年五月
電影「心之谷」吉卜力工作室
電影「魔女宅急便」吉卜力工作室
《禪與吉卜力》（『禅とジブリ』）鈴木敏夫（淡交社）
《生命週期心理學》（『ライフサイクルの心理学』）丹尼爾・萊文森（講談社）
《希望學》玄田有史（中央公論新社）
《為上班族量身打造的職涯設計》（『働くひとのためのキャリア・デザイン』）金井壽宏（ＰＨＰ研究所）
電影「神隱少女」吉卜力工作室
《螞蟻偷懶有其意義》（『働かないアリに意義がある』）長谷川英祐（媒體工廠）
《二〇一四年版：兒童暨年輕人白皮書》（『平成26年版　子ども・若者白書』）內閣府
一般社團法人日本自我肯定感推廣協會官網

「以『使命』為核心的 GROOVE X 林要的職涯理論」林要（WANTEDLY JOURNAL 二〇一七年十月十六日）
《盧梭全集第七卷》盧梭（白水社）
《愛彌兒（上集）》盧梭（岩波書店）
《兒童世紀》艾倫・凱（富山房）
《職業諮詢場合的職涯理論，以及心理諮商理論之活用和普及文獻調查》（『職業相談場面におけるキャリア理論及びカウンセリング理論の活用・普及に関する文献調査』）獨立行政法人勞動政策研究機構二〇一六年
《寫給大人看的偉人傳》（『大人のための偉人伝』）木原武一（新潮社）
《小小的賭注》（『小さく賭けろ！』）彼得・希姆茲（日經BP社）
《學習放棄夢想的方法》（『クランボルツに学ぶ夢のあきらめ方』）海老原嗣生（講談社）
《職涯計畫的觀點：MUST、CAN、WILL的依據為何》（『キャリアプランニングの視点"Will, Can, Must"は何を根拠にしたものか』）法政大學官網
談話活動「藤原和博：論橫跨產官學三界的人才」（『藤原和博氏、トライセクター・リーダーを語る』）產官學人才澀谷研究中心執行委員會二〇一六年二月二十二日
《新成人相關調查》（『新成人に関する調査』）MACROMILL 股份有限公司
《定本／本田宗一郎傳》（『定本 本田宗一郎伝』）中部博（三樹書房）
《職涯心理學》（『キャリアの心理学』）渡邊三枝子（中西屋）
《日刊體育》（『日刊スポーツ』）二〇一九年十月十日

《蒙特梭利的教育》（『モンテッソーリの教育』）瑪麗亞・蒙特梭利（羅漢柏書房）
《為學建言》（『学問のすゝめ』）福澤諭吉（岩波書店）
《日本邊境論》內田樹（新潮社）
《史丹佛大學：實現夢想的課程》（『スタンフォード大学 夢をかなえる集中講義』）蒂娜・希利格（CC媒體屋）
《商業禪入門》（『ビジネスZEN入門』）松山大耕（講談社）
《單純的大腦和複雜的我》（『単純な脳、複雑な「私」』）池谷裕二（講談社出版）
《復活吧，偏差值》（『よみがえれ、偏差値』）桑田昭三（NESCO）
《選擇的科學》（『選択の科学』）席娜・艾因嘉（文藝春秋）
《偏差值創始者：桑田昭三專訪》（『偏差値の生みの親・桑田昭三氏へのインタービュー』）全國語學教育學會
《輕鬆自在》（『のびのび』）朝日新聞社一九七五年十二月號
《日本經濟新聞》二〇一九年十月八日早報
《完美人格》（『完全なる人間』）亞伯拉罕・馬斯洛（誠信書房）
《流傳後世的貴重遺物：論丹麥》（『後世への最大遺物・デンマルク国の話』）內村鑑三（岩波書店）

夢想勒索

協助被「夢想」壓迫的年輕人，在絕望中找到前進的動力

作者 高部大門
譯者 葉廷昭
主編 劉偉嘉
校對 魏秋綢
排版 謝宜欣
封面 萬勝安
社長 郭重興
發行人兼出版總監 曾大福
出版 真文化／遠足文化事業股份有限公司
發行 遠足文化事業股份有限公司
地址 231 新北市新店區民權路 108 之 2 號 9 樓
電話 02-22181417
傳真 02-22181009
Email service@bookrep.com.tw
郵撥帳號 19504465 遠足文化事業股份有限公司
客服專線 0800221029
法律顧問 華陽國際專利商標事務所　蘇文生律師
印刷 成陽印刷股份有限公司
初版 2021 年 7 月
定價 350 元
ISBN 978-986-99539-8-6

歡迎團體訂購，另有優惠，請洽業務部 (02)22181-1417 分機 1124、1135

國家圖書館出版品預行編目 (CIP) 資料

夢想勒索：協助被「夢想」壓迫的年輕人，在絕望中找到前進的動力／高部大問著；葉廷昭譯.
-- 初版. -- 新北市：真文化，遠足文化，2021.07
面；公分 --（認真生活；10）
ISBN 978-986-99539-8-6（平裝）
1. 教育 2. 子女教育 3. 日本
527.48　　110008972